Eva-Maria Schemmel

Selbstliebe

Selbstliebe

Selbstwertgefühl stärken &
sich selbst lieben lernen.
Für ein glückliches, zufriedenes und
selbstbestimmtes Leben.

Eva-Maria Schemmel

Copyright © 2023 Eva-Maria Schemmel
1. Auflage 2023
ISBN: 978-3-949081-13-2
Alle Rechte vorbehalten.
Nachdruck, auch in Auszügen, nicht gestattet.
Kein Teil dieses Werkes darf ohne schriftliche Genehmigung des Autors in irgendeiner Form reproduziert, vervielfältigt oder verbreitet werden.
Herausgeber: L-O. Solutions Verlag

Vertreten durch:
L-Online Solutions e.K.
Eschenweg 6
89150 Laichingen

Für Fragen und Anregungen:
Info@losolutions-verlag.de

Lektorat: Lektorat-plus
Covergestaltung: Bodo Bertuleit www.bodobe.de
Buchsatz und Layout: L-O. Solutions Verlag
Druck und Bindung: Amazon Fulfillment Printed in EU

Alle Ratschläge in diesem Buch wurden vom Autor und vom Verlag sorgfältig erwogen und geprüft. Eine Garantie kann dennoch nicht übernommen werden. Eine Haftung des Autors beziehungsweise des Verlags für jegliche Personen-, Sach- und Vermögensschäden ist daher ausgeschlossen.

Über die Autorin	1

Vorwort 3

Einleitung 4

Selbstliebe – was bedeutet das Wort wirklich? 8

Selbstsicher durch Selbstliebe 10

Wie du lernst, dich selbst zu lieben 14

Test & Übungen zur Selbstliebe 18

Deine Selbstliebe – ein kleiner Test 18

    Testfragen Selbstliebe 20
    Auswertung 20

Übungen zur Selbstliebe 22

    Deine Bedürfnisse 23
    Gesunde Ernährung 23
    Berührung 25
    Seele baumeln lassen & Deinen Körper verwöhnen 26
    Der Friseurbesuch 27
    Kleiderschrank ausmisten & Deinen Stil finden 29
    Was Du an Dir magst 34
    Natur bewusst genießen 37
    Sei kreativ 38
    Verwöhne dich selbst 40
    Vermeide Negatives 40

Selbstliebe im Alltag – Beziehung, Beruf etc. 43

    Liebesbeziehungen 43
    Berufliche Beziehungen 47
    Freunde & Bekannte 49

Selbstliebe und Selbstwert 51

Steigere deinen Selbstwert 62

Tipps & Übungen für dein Selbstwertgefühl 67

    Wie soll ich denn das alles behalten? 67

Selbstliebe und Selbstakzeptanz 89

Wie du deinen inneren Kritiker loswerden kannst 93

SELBSTLIEBE – DEIN SCHLÜSSEL FÜR EIN GLÜCKLICHES LEBEN **98**

BONUS: SPIELERISCHE IDEEN FÜR DEINE SELBSTLIEBE. ÜBUNGEN **113**

    Meine Selbstliebe-Speisekarte *113*

    4 Selbstliebe-Übungen für Körper, Geist und Seele *114*

    Schreibe Briefe an Dich selbst *116*

    Bucket List *117*

    Motivationssprüche *117*

SCHLUSS **119**

    HAFTUNGSAUSSCHLUSS 121

    URHEBERRECHT 122

Über die Autorin

Die Autorin Eva-Maria Schemmel ist 1979 in Würzburg, also dem wunderschönen Bayern geboren. Ihre Kindheit verbrachte sie zusammen mit ihrer großen Schwester in einem gut behüteten Umfeld. Ihre Eltern ließen sich

scheiden, als sie 12 Jahre alt war, infolgedessen versuchte Sie damals das Geschehen mit dem Schreiben in ihr Tagebuch zu kompensieren und es tat ihr gut. Mehr und mehr bekam sie ein gutes Gefühl für das Wort und interessierte sich immer mehr für einen Weg, der sie genau in diese Richtung führen könnte.

Sie versuchte neben Ihrem Studium zu internationalen Beziehungen das Schreiben immer mehr in ihren Alltag einzubringen. Doch hier musste sie ziemlich schnell feststellen, dass Druck kein gutes Mittel ist. Der Wunsch, in einem beengten zeitlichen Rahmen immer mehr zu schaffen, führte dazu, dass alle Ziele immer mehr in die Ferne rückten. Hier entdeckte sie die spirituelle Welt für mich. Es mag auch heute noch für viele Menschen in ihrem Umfeld befremdlich klingen, aber dieser Bereich gab ihr die Kraft, dass zu schaffen, was sie heute mit Stolz, Mut und Kraft erreicht hat.

Heute lebt sie mit ihrer Tochter und ihrem Sohn noch immer in Würzburg. Die Liebe zum Sport und der Spiritualität sind geblieben. Doch nicht nur das: Auch das Schreiben ist noch immer ein stetiger Begleiter und mittlerweile auch ihr Beruf. Aus dem Interesse zum Buchstaben wurde die große Liebe zum Wort und Träume endlich erreichbar!

„Jede Zeile meiner Bücher ist mein Leben und ich freue mich, sie mit euch teilen zu können."

Vorwort

Der Gedanke, ein Buch über Selbstliebe zu schreiben, und das ganz speziell für Frauen, ist aus verschiedenen Beobachtungen, die ich in den letzten Jahren gemacht habe, entstanden.

Zum einen gibt es diese wunderbaren Frauen mittleren Alters – und hierbei spielt es keine Rolle, ob sie Hausfrauen, Karrierefrauen, Künstlerinnen etc. sind. Diese Frauen kennen das Leben. Sie sind durch viele Hochs und Tiefs gegangen. Dann gibt es noch die jungen Frauen so ab Mitte 20, die ihre Ausbildung abgeschlossen haben und beruflich ihren Weg finden oder bereits festigen und vielleicht gerade dabei sind, auch eine Familie zu gründen.

Auf keinen Fall dürfen in dieser Auflistung aber auch die jung gebliebenen älteren Frauen vergessen werden. Glücklicherweise gibt es für sie heute so viele Möglichkeiten, ihren Alltag auch im Ruhestand aktiv zu gestalten. Ganz egal, welcher Generation Du angehörst – Selbstliebe ist für uns Frauen ein essenzielles Thema.

Selbstliebe ist ein Wort, das wir immer öfter hören oder lesen, das aber leider immer noch verpönt ist und viel zu oft mit Egoismus gleichgesetzt wird. In Wahrheit bereichert Selbstliebe aber Dein Leben und macht Dich glücklich.

Dieses Buch ist dazu gedacht, Dir das Wort Selbstliebe – mit all seinen Facetten – näherzubringen und Dich auch mit wertvollen und doch leichten Übungen dabei zu unterstützen, Dein Leben glücklicher und erfüllter zu leben.

Einleitung

Wenn Du eines Tages mit jeder Faser deines Körpers sagen kannst: „Ich liebe mich selbst, so wie ich bin!", dann hast Du eine wunderbare Entwicklung hinter Dir und stehst mittendrin in dieser erfüllenden Phase, Dein Leben jeden Tag glücklicher zu leben.

Ich kann mir gut vorstellen, dass einige von euch jetzt gerade so ihre Zweifel haben: „Wie kann mir Selbstliebe ein glücklicheres Leben bringen?"

Keine Angst, das ist eine ganz normale Reaktion, von der auch ich nicht frei war. Ganz gleich, ob Du nur für Dich wissen wirst: „Ich liebe mich selbst!", oder ob Du zu den Frauen zählen wirst, die offen mit dem Thema Selbstliebe umgehen werden – Selbstliebe wird euer Leben auf wunderbare Weise bereichern und in den meisten Fällen auch noch einmal neu ausrichten.

Wir Frauen haben so viel Kraft. Wir können so viel schaffen und bewältigen, viel mehr, als wir es uns als junge Erwachsene überhaupt vorstellen können. Wir Frauen funktionieren in allen Lebenslagen, klagen wenig, erfüllen, ohne zu murren, all die Erwartungen, die an uns herangetragen werden.

Stopp!

Ja, wir Frauen sind all das und noch viel mehr.

Ich behaupte an dieser Stelle aber auch, dass erschreckend viele Frauen nicht das Leben leben, das sie sich wünschen. Frauen neigen aufgrund des jahrtausendealten Rollenbildes auch im Jahr 2021 immer noch dazu, ihr Leben an den Erwartungen anderer auszurichten und sich selbst zu vergessen.

Vergiss Dich ab heute nicht mehr selbst!
Denn solange Du dies tust, verpasst Du so viel in Deinem Leben.

Ich möchte diese Einleitung mit einem wunderbaren Gedicht von Charlie Chaplin abschließen.
Dieser Mann, der uns auch heute noch mit seinen alten Schwarz-Weiß-Streifen zum Lachen bringt, ohne ein Wort zu sagen, besaß ungeahnte Tiefen.

Dieses Gedicht hat er im Jahr 1956 – anlässlich seines 70. Geburtstages – vorgetragen, und ich finde, es ist absolut zeitlos und enthält all das, was Selbstliebe ausmacht.

Tipp:

Ich habe mir dieses Gedicht in einer schönen Schrift auf ein besonderes Papier gedruckt und es hängt nun in einem schönen Rahmen an meiner Wand und erinnert mich so immer wieder daran, wie wertvoll und gut Selbstliebe ist!

Als ich mich selbst zu lieben begann ...

Von Charlie Chaplin

*Als ich mich selbst zu lieben begann,
habe ich verstanden, dass ich immer und bei jeder Gelegenheit,
zur richtigen Zeit am richtigen Ort bin
und dass alles, was geschieht, richtig ist –
Von da an konnte ich ruhig sein.
Heute weiß ich: Das nennt man Vertrauen*

*Als ich mich selbst zu lieben begann,
konnte ich erkennen, dass emotionaler Schmerz und Leid
nur Warnungen für mich sind, gegen meine eigene Wahrheit zu leben.
Heute weiß ich: Das nennt man authentisch sein.*

*Als ich mich selbst zu lieben begann,
habe ich aufgehört, mich nach einem anderen Leben zu sehnen
und konnte sehen, dass alles um mich herum eine Aufforderung zum Wachsen war.
Heute weiß ich, das nennt man Reife.*

*Als ich mich selbst zu lieben begann,
habe ich aufgehört, mich meiner freien Zeit zu berauben,
und ich habe aufgehört, weiter grandiose Projekte für die Zukunft zu entwerfen.*

*Heute mache ich nur das, was mir Spaß und Freude macht,
was ich liebe und was mein Herz zum Lachen bringt,
auf meine eigene Art und Weise und in meinem Tempo.
Heute weiß ich, das nennt man Ehrlichkeit*

*Als ich mich selbst zu lieben begann,
habe ich mich von allem befreit, was nicht gesund für mich war,
von Speisen, Menschen, Dingen, Situationen
und von allem, das mich immer wieder hinunterzog, weg von mir selbst.
Anfangs nannte ich das „Gesunden Egoismus",
aber heute weiß ich, das ist* **Selbstliebe**.

*Als ich mich selbst zu lieben begann,
habe ich aufgehört, immer recht haben zu wollen,
so habe ich mich weniger geirrt.
Heute habe ich erkannt: Das nennt man Demut.*

*Als ich mich selbst zu lieben begann,
habe ich mich geweigert, weiter in der Vergangenheit zu leben
und mich, um meine Zukunft zu sorgen.
Jetzt lebe ich nur noch in diesem Augenblick, wo ALLES stattfindet,
so lebe ich heute jeden Tag und nenne es Bewusstheit.*

*Als ich mich zu lieben begann,
da erkannte ich, dass mich mein Denken
armselig und krank machen kann.
Als ich jedoch meine Herzenskräfte anforderte,
bekam der Verstand einen wichtigen Partner.
Diese Verbindung nenne ich heute Herzensweisheit.*

*Wir brauchen uns nicht weiter vor Auseinandersetzungen,
Konflikten und Problemen mit uns selbst und anderen zu fürchten,
denn sogar Sterne knallen manchmal aufeinander
und es entstehen neue Welten.
Heute weiß ich: Das ist das Leben!*

Selbstliebe – was bedeutet das Wort wirklich?

In den meisten Lexika wird Selbstliebe auch Eigenliebe genannt.
Das ist auch das, was die meisten Menschen darunter verstehen.
Das Gedicht von Charlie Chaplin zeigt Dir aber auch, dass Selbstliebe viel komplexer ist.
Wenn Du Dir selbst sagen kannst: „Ich liebe mich!", dann machst du das ganz bewusst und mit einem richtig guten Gefühl.

Erst wenn du deine Selbstliebe gefunden hast, ist es dir auch möglich, ein gutes und gesundes Selbstwertgefühl zu entwickeln.
Beide Begriffe sind im täglichen Leben – fernab von jeder Theorie – eng miteinander verbunden, denn das eine geht nicht ohne das andere.

Wie bereits erwähnt, verwechseln sehr viele Menschen Selbstliebe mit Egoismus, Überheblichkeit oder sogar mit Narzissmus.

Diese Annahme ist schlichtweg falsch!

Unsichere Menschen, die sich ausschließlich über Erwartungen anderer definieren, die vorgeben, etwas zu sein, was sie nicht sind – das sind Egoisten, überhebliche Menschen oder gar Narzissten.
Diese Menschen sind Lichtjahre entfernt davon, sich selbst zu lieben und zu achten. Ihr Leben ist von Wut und Ärger geprägt.

Lass Dich auf Deinem Weg zur Selbstliebe nie durch solche Aussagen von Deinem Weg abbringen.

Du hast verstanden, warum eine gesunde Selbstliebe so wichtig für Dein Leben ist, und Du möchtest ein Leben, das glücklich und erfüllt ist, und nicht eines, das Du später, am Ende deiner Tage, bereuen wirst.

Selbstliebe ist, ganz einfach ausgedrückt, einzig und allein die uneingeschränkte Liebe zu dir selbst!

Ich habe in den letzten Jahren oft darüber nachgedacht, ob man Selbstliebe nicht auch schon von klein auf lernen oder lehren könnte.

Grundvoraussetzung dafür, einem Kind Selbstliebe schon über die Erziehung mitzugeben, sind aber Eltern, die diesen Prozess selbst durchlaufen und so verinnerlicht haben, dass sie ihrem Kind Selbstliebe verantwortungsvoll und bewusst beibringen.

Das ist ein schwieriger Weg und deshalb bin ich zu dem Schluss gekommen, dass Selbstliebe eher etwas ist, was wir bewusst erlernen.

Mit Sicherheit kann man seinen Kindern durch einfache Übungen und durch die Erziehung Elemente der Selbstliebe mit auf den Weg geben, aber es braucht ein wenig Lebenserfahrung, um der Selbstliebe bewusst einen Platz in deinem Leben zu geben.

Selbstsicher durch Selbstliebe

Selbstliebe macht Dich selbstbewusster und selbstsicherer – keine Frage.

Aber ganz im Gegensatz zu all den tollen Überschriften, die Du im Internet finden kannst, z. B. „Selbstsicherheit und Selbstliebe in 4 Wochen!" etc., kann ich Dir an dieser Stelle nur empfehlen:
Lass Dir auf diesem Weg Zeit.
Du wirst diese Zeit – egal wie lange es dauert – einfach benötigen.
Denn es geht hier nicht darum, etwas ganz Neues zu lernen.

Du stehst gerade am Beginn eines Weges:

- Du kannst dein Ziel benennen – „Ich werde mich selbst lieben!"
- Du beginnst deinen Weg – am besten, wenn Du dieses Buch gelesen hast!
- Dein Weg ist lang und Du wirst ihn nicht laufen, sondern in Deinem Tempo gehen.
- Es wird „Pausen" geben auf diesem Weg – die Zeit, die Du hin und wieder benötigen wirst, um neue Zwischenziele zu erlernen, umzusetzen und zu verinnerlichen.
- Lass Dich nirgendwo auf diesem Weg von irgendetwas oder von irgendjemandem unter Druck setzen!
- Es ist Dein Weg, den Du in Deinem ganz persönlichen Tempo von Anfang bis Ende gehen wirst.
- So hast Du die Sicherheit, am Ende dein Ziel zu erreichen und Dich selbst mit dem Satz „Ich liebe mich!" zu belohnen.

Gerade, wenn Du im Internet zu bestimmten Ideen, Gedanken und Themen recherchierst, begegnest Du oft reißerischen Angeboten, die Wunder innerhalb kurzer Zeit versprechen. Die Versprechen solcher Angebote sind nicht nur zum größten Teil falsch, sie sind oft auch teuer, denn meistens bekommst Du nur Antworten, wenn du dich zu Onlinekursen etc. anmeldest oder überteuerte PDFs kaufst.

Wenn Du auf deiner Suche nach Antworten schon auf solche Angebote gestoßen bist, dann weißt Du, wovon ich spreche.
Wenn Du dann noch – obwohl es Dich brennend interessiert hat – standhaft geblieben bist und kein Geld ausgegeben hast, dann sehe ich das als Zeichen, dass Du schon über ein gewisses Maß an Selbstsicherheit verfügst, und das ist wunderbar.

Selbstsicherheit, Selbstwert, Selbstliebe und Selbstwertgefühl sind vier Begriffe, die unabdingbar zusammengehören, denn das eine ist erst durch das andere möglich.
Aber es ist so, wie mit der Henne und dem Ei: Niemand kann sagen, was zuerst da war.

Selbstsicherheit ist ein wichtiger Faktor für dein Leben.
Wenn Du deine innere Selbstsicherheit entwickelt und / oder gestärkt hast, wirst Du ganz anders durchs Leben gehen.
Schon Deine Körperhaltung wird die Menschen, denen Du begegnest, wissen lassen, dass Du ganz genau weißt, was du möchtest.
Denn Du wirst nicht mehr mit nach vorne gekrümmten Schultern gehen, sondern mit einer geraden, aufrechten Körperhaltung. Das allein strahlt schon Dynamik aus. Wenn Du zudem noch lächelst, wenn Du anderen Menschen begegnest – bekannt oder unbekannt spielt keine Rolle –, dann wirst Du auf einmal bewusst wahrgenommen.

Die Personen in Deinem Umfeld spüren Deine innere Stärke und Zufriedenheit.

Allein durch dieses Gefühl werden sie Dich anders behandeln und ganz anders auf Dich reagieren.

Stelle dir einmal vor:
Du hast auf deiner Arbeitsstelle die Aufgabe, ein Team von vielleicht drei bis fünf Mitarbeitern zu leiten.

Als Du für diese Position ausgewählt wurdest, war das für das eine oder andere Teammitglied so oder so ein Dorn im Auge, denn sie sind sich sicher gewesen, dass sie die besseren Kandidaten für diese Position gewesen wären.

Schon allein dieser Umstand, die damit verbundene Nörgelei und das vielleicht auch unterschwellig aufkommende Mobbing machen es Dir schwer, diese Position so zu gestalten, wie Du es gerne tätest und wie es idealerweise auch der Fall sein sollte.
Je mehr Druck auf Dir lastet, desto stärker ziehst Du Dich innerlich zusammen, was sich dann in einer immer kleiner werdenden Körperhaltung äußert.
Du befindest dich in einem Hamsterrad.

An dieser Stelle noch eine kleine Zwischenbemerkung: Menschen, die „laut und frech" sind und ständig ihr Umfeld kritisieren und / oder andere anschreien, sind innerlich oft zutiefst unsicher und versuchen durch ihre „laute" Art, andere Menschen auf Distanz zu halten. So wird niemand merken, dass sie ihre „Stärke und Kompetenz" nur spielen.
Lass dich von solchen Menschen niemals mehr verunsichern!

Dann gibt es diesen Tag in Deinem Leben, wo dir dieses Buch in die Hände fällt und Du mit dem Lesen, Üben und Verändern gar nicht mehr aufhören kannst.
Dein Umfeld, und vor allem Dein nörgelndes und nicht motiviertes Team, werden in den nächsten Wochen und Monaten oft sehr irritiert reagieren.
Sie werden spüren, dass sich in der gesamten Dynamik des Teams etwas verändert, können es aber oft nicht genau benennen.

Deine Selbstliebe und Dein neu gewonnener Selbstwert geben Dir innerliche Kraft und auch eine Art von Gelassenheit, denn Du wirst wissen, dass Du gut genug bist, für alles, was Dir in Deinem Leben begegnen wird. Deine neu gewonnene innere Stärke lässt Dich vorwärtsgehen, egal was sich dir in den Weg stellt.

Und denke auch immer daran: Nicht alle Dinge im Leben müssen immer 100 % optimal sein!
Auch wenn Du etwas nur zu 70 oder 80 % erreichen oder erfüllen kannst, ist das wesentlich mehr, als wenn Du Dich der Herausforderung erst gar nicht stellst.

Wie Du lernst, Dich selbst zu lieben

Du selbst, genauso wie jeder andere im ganzen Universum, verdienst Deine Liebe und Zuneigung.
(Buddha)

Als ich dieses Zitat von Buddha zum ersten Mal las, war ich an dem Punkt in meinem Leben, wo mir mein Bauchgefühl sagte: „Es muss sich etwas ändern!"
Mein Kopf fragte daraufhin: „Aber was?"

Ich war für alle Menschen in meinem Umfeld eine „starke" Frau.
Nur wusste keiner, dass ich innerlich so viele Unsicherheiten, Zweifel und auch Ängste mit mir herumtrug, die das absolute Gegenteil der äußeren Wahrnehmung waren.

Heute weiß ich, woran das lag: Von heute auf morgen stand ich mit zwei kleinen Kindern da, allein und musste funktionieren – also stark sein.
Meine Kinder benötigten ein Dach über dem Kopf, ein warmes Zuhause etc.
Von 0 auf 100 musste ich eine Familienmanagerin sein und alle notwendigen Rollen in nur einer Person vereinen.

Wir Frauen meistern solche Situationen in den meisten Fällen. Wir bewältigen Herausforderungen, von denen wir gar nicht wussten, dass wir sie bewältigen können, und sind auch dann immer noch – oft uneingeschränkt – für unsere Liebsten da.

All das mit so einer Energie und Hingabe, dass wir uns selbst dabei komplett vergessen.
Auch die Liebe und Zuneigung zu uns selbst spielt keine Rolle, obwohl sie so wichtig ist.

Das Schöne an unserer Entwicklung ist es aber, dass wir zu jeder Zeit in unserem Leben Selbstliebe erlernen können.

Gerade wir Frauen kommen oft an diesen Punkt in unserem Leben, wo wir merken, dass uns irgendetwas fehlt, und leider braucht es oft eine Weile, bis wir bei dem Wort Selbstliebe angekommen sind.

Meine Teenager-Tochter schaute mir gestern über die Schultern, weil sie neugierig war, über welches Thema ich schreibe.

Auch sie meinte, Selbstliebe höre sich egoistisch an.
Ich habe ihr dann an einigen Beispielen erläutert, dass sogar sie schon Selbstliebe lebt, weil ich ihr von klein an beigebracht habe, sich selbst immer gern zu haben und sich selbst auch gut zu pflegen und auch mal zu verwöhnen.
Sie grinste und meinte: „Dann gehören meine Wellenesseinheiten auch zur Selbstliebe!"

„Genau, Du sorgst Dich um Dich selbst, schaust, dass es Dir gut geht, entspannst bei einem Bad, wenn Du einen anstrengenden Tag hattest etc. Das gehört zur Selbstliebe – achte immer auf Dich selbst, was Du möchtest und was Dir guttut."

Diese Unterhaltung hat mich glücklich gemacht, denn ich habe – wie so viele andere Frauen – Selbstliebe erst lernen müssen, aber es ist ein so wunderbares Gefühl, wenn wir unsere Erkenntnisse an unsere Töchter weitergeben können. Für sie wird dadurch einiges im Leben einfacher.

Selbstliebe zu erlernen, geht auf verschiedene Weisen, und es gibt eine Vielzahl von Tipps und Übungen, die ich Euch im nächsten Kapitel vorstellen werde.

Vorab noch ein Beispiel, wie Du Dir die im Moment noch etwas abstrakt präsentierte Selbstliebe besser vorstellen kannst:
Denke einmal an deine beste Freundin. Sie ist für Dich ein besonderer Mensch, den Du achtest, schätzt und liebst und mit dem Du schon lange befreundet bist und mit dem Dich eine Vertrautheit und mit Sicherheit auch gegenseitiger Respekt verbinden.

Stelle Dir jetzt einmal die Frage, ob Du Dir selbst gegenüber genauso bist wie gegenüber deiner besten Freundin?

Die überwiegende Mehrheit von euch wird hier mit Nein antworten.

Aus diesem Nein machst Du jetzt dein erstes Teilziel auf dem Weg zu Deiner Selbstliebe:

„Ich lerne, mich so zu lieben, dass ich selbst meine beste Freundin bin!"

Da man mit einer besten Freundin auch schon einmal hitzige Diskussionen und Meinungsverschiedenheiten hat, wirst auch Du mit Dir selbst auf diesem Weg so einige Höhen und Tiefen durchleben.
Du wirst neue Grenzen erkennen und vielleicht nicht sofort akzeptieren wollen.

Du wirst ein neues Verständnis für Dich selbst entwickeln und ganz viele Punkte mit Dir selbst ausdiskutieren.

Das ist ein notwendiger und guter Prozess, bei dem Du aber von nun an immer Dein eigenes Wohlbefinden im Blick behältst.

Test & Übungen zur Selbstliebe

So, jetzt geht es mit den ersten Übungen und einen kleinen Test weiter. Vorab noch ein kleiner Tipp:

Es mag altmodisch klingen, aber ich empfehle Dir, dass Du Dir ein schönes Notizbuch – mit einem schönen Einband – und einen besonderen Stift (es können auch mehrfarbige Faserschreiber sein) zulegst, wenn Du Dich auf diese Reise begibst.

Es ist absolut hilfreich, wenn Du Dir zu den einzelnen Übungen, zu Deinen persönlichen Erkenntnissen etc. Notizen in dieses Buch machst.

So kannst Du immer mal wieder nachschauen, falls Dich das Gefühl überkommt, dass Du etwas vergessen hast, aber Du kannst beim Zurückblättern auch immer sehen, welche Erfolge Du auf Deinem Weg schon erzielt hast.

Deine Selbstliebe – ein kleiner Test

Im Internet findest Du eine ganze Reihe Tests zum Thema Selbstliebe. Alle sind unterschiedlich aufgebaut und werden auch anders ausgewertet. So kann es sein, dass bei mehreren Tests auch unterschiedliche Ergebnisse herauskommen können.

Ein Selbsttest in Sachen Selbstliebe hat aber so einige Vorteile.

Am Beginn Deiner Reise ist es überaus sinnvoll, diesen Test zu machen, denn das Ergebnis zeigt Dir, wo Du im Moment stehst – ist also eine Momentaufnahme.

Das heißt aber auch gleichzeitig, dass Du den gleichen Test in ein paar Wochen / Monaten wieder heranziehen kannst, wenn Du schauen möchtest, ob und wie sich Deine Selbstliebe schon verändert und verbessert hat.

Bei der Beantwortung der einzelnen Fragen ist es auch notwendig, dass Du absolut ehrlich zu Dir selbst bist. Nur so bekommst Du auch eine ehrliche Auswertung und weißt genau, wie es im Moment um Deine Selbstliebe bestellt ist.

Die nun folgenden – 10 einfachen Fragen – beantwortest Du, indem Du „Noten" verteilst:
Die Note 1 ist der geringste Wert, die Note 10 der höchste Wert.

Hast Du alle 10 Fragen beantwortet, dann zählst Du die Notenwerte zusammen und erhältst so eine Gesamtzahl.

Unter Auswertung findest Du dann Deinen momentanen Selbstliebe-Status.

Lass uns einfach loslegen und denke daran: Sei ehrlich zu Dir selbst, denn so legst Du die Grundlage auf dem Weg Deiner Entwicklung, auch den gewünschten Erfolg zu haben.

Testfragen Selbstliebe

- Komplimente: Wie gut kannst Du Komplimente annehmen?
- Selbstliebe: Kannst Du Dich jederzeit selbst lieben?
- Lob: Lobst Du Dich selbst jeden Tag?
- Körper: Wie nimmst Du Deinen eigenen Körper an?
- Fehler: Bist Du in der Lage, Deine eigenen Fehler zu erkennen und anzunehmen?
- Talente & Fähigkeiten: Akzeptierst Du Deine Talente & Fähigkeiten?
- Ernährung: Achtest Du darauf, Dich gut zu ernähren und Deinen Körper gut zu versorgen?
- Deine Zeit: Hast Du genug Zeit für Dich selbst?
- Selbstliebe: Wie sehr liebst Du Dich jetzt in diesem Moment selbst?
- Glück: Wie viel Glück und Freude über Dein Leben empfindest Du gerade jetzt in diesem Moment?

Auswertung

Auch über die Auswertung habe ich mir im Vorfeld so einige Gedanken gemacht.
Viele Testauswertungen sind lang und liefern viele Erklärungen.
Dieser Test ist aber nur ein kleiner Teil eines wunderbaren Buches über Selbstliebe, und so habe ich mich entschlossen, Dir in der Auswertung in wenigen Worten zu verdeutlichen, wo Du gerade stehst.

So ist es auch in der Zukunft – wenn Du den Test wiederholst – für Dich um einiges einfacher, Deinen Fortschritt zu erkennen.

Schauen wir uns die fünf Auswertungsgruppen einmal in der Übersicht an:

- Gesamtzahl 1–20:
  - Du findest Dich in dieser Gruppe wieder, wenn Du Deinen Weg zur Selbstliebe gerade erst beginnst oder Dich mit dem Gedanken trägst, ihn zu beginnen.
- Gesamtzahl 20–40:
  - Hier hast Du schon erste Schritte auf Deinem Weg erfolgreich umgesetzt, oder Du hast von Natur aus ein gewisses Maß an Selbstliebe in Dir.
- Gesamtzahl 40–60:
  - Was die Auswertung betrifft, bewegst Du Dich in einem guten Mittelfeld, und es ist ein Indiz dafür, dass Du auf dem richtigen Weg bist und schon einige Fortschritte gemacht hast.
- Gesamtzahl 60–80:
  - Du hast schon hervorragende Fortschritte gemacht, fühlst Dich mit Dir selbst immer wohler und bemerkst, wie Du diese Nähe zu Dir selbst zu genießen beginnst.
- Gesamtzahl 80–100:
  - Wenn Du Dich in diesem Zahlenbereich bewegst, dann „lebst" Du Deine Selbstliebe. Du bist mit Dir selbst verbunden und genießt die wunderbare Veränderung. Du erkennst, dass Du nicht mehr anders leben möchtest.

Übungen zur Selbstliebe

Kommen wir nun zu ein paar einfachen Übungen, wie Du Deine Selbstliebe finden und stärken kannst.

Hier geht es hauptsächlich darum, Deinen Wert zu erkennen und ihn mithilfe der Übungen zu einem festen Bestandteil Deines täglichen Lebens zu machen.

Denn wenn es Dir gelingt, Dein persönliches Wohlbefinden Schritt für Schritt an erste Stelle zu setzen, dann wird vieles in Deinem Leben einfacher und Du wirst auch glücklicher und zufriedener durchs Leben gehen und viele „Probleme" einfacher lösen können.

Wie ich bereits vorher kurz angeschnitten habe, haben wir heute die einmalige Chance, gewisse ererbte Erwartungen und Rollen zu durchbrechen, da wir uns selbst helfen und heilen können.

Du hast die einzigartige Möglichkeit, einen Kreislauf, der vielleicht schon seit Generationen innerhalb Deiner Familie weitergegeben wurde, zu beenden und für die zukünftigen Generationen (Deine Kinder und Enkel) eine neue, erfüllende und glückliche Richtung vorzugeben.

Das, was Du durch die nun folgenden Übungen lernst, die Fragen, die Du Dir beantwortest etc., das alles kannst Du – sobald Du es ganz verinnerlicht hast – wie selbstverständlich an die Jugend weitergeben.

Deine neue Art und Weise, durchs Leben zu gehen, zu lächeln und glücklich zu sein, wird bemerkt werden und Dich zu einem Vorbild machen.

Die nun folgenden Übungen dienen dazu, dass Du lernst, Dir selbst etwas Gutes zu tun und Dich selbst liebevoll zu behandeln.

Deine Bedürfnisse

Als erste Übung ist es wichtig, dass Du Dich einmal selbst mit Dir unterhältst und herausfindest, was genau Deine eigenen Bedürfnisse sind.
Schreibe Dir die Antworten stichpunktartig in Dein Buch und verspreche Dir selbst von nun an jeden Tag, auf diese Bedürfnisse bewusst einzugehen.

Gesunde Ernährung

Du hast nur diesen einen Körper und Du sollst ihn deshalb auch gut behandeln.
Mache Dir Gedanken über Deine bisherigen Ess- und Trinkgewohnheiten und überlege Dir dann, wie Du Dich gesünder ernähren kannst.
Ein Ziel wäre z. B., ab heute den Zucker in Deiner Ernährung zu reduzieren.
Der einfachste Einstieg ist, ab sofort auf den Zucker in Deinem Kaffee und auf zuckerhaltige Erfrischungsgetränke zu verzichten.
Wenn Du das nächste Mal einkaufen gehst, plane Dir ein wenig mehr Zeit ein und schaue bewusst auf die Inhaltsstoffe der Lebensmittel, die Du sonst schnell in Deinen Einkaufswagen legst.

Vergleiche die Zuckerwerte und suche bewusst die Lebensmittel aus, die weniger Zucker enthalten.

Aus eigener Erfahrung kann ich Dir sagen, dass erstaunlich viele Nahrungsmittel, sogar Naturjoghurt, Zucker enthalten. Mit ein wenig Geduld wirst Du aber auch Naturjoghurt finden, der wirklich Natur ist und ohne Zuckerzusätze auskommt.

Das gleiche gilt auch für die sehr beliebten aromatisierten Wasser. Jeder Konsument denkt, das sei Mineralwasser mit Geschmack – aber meistens ist darin auch sehr viel Zucker.

Auch beim Brot-Kauf kannst Du einiges besser machen.
Vermeide von heute an Brot, das ausschließlich aus Weizenmehl hergestellt wird, und kaufe Dir lieber Brot, dass mit Dinkel oder Vollkornmehl hergestellt wird und vielleicht noch zusätzlich Nüsse und weitere Kornarten enthält.
So erhältst Du automatisch mehr Ballaststoffe und Dein Körper muss sich nicht mehr mit der Verdauung der Stärke und Schleimstoffe des Weizenmehls quälen.

Kaufe weniger oder gar keine industriell herstellten Lebensmittel mehr (Gemüse- und Suppenkonserven, Fertiggerichte etc.).
Frisches Obst und Gemüse, frische, selbst gekochte Mahlzeiten etc. schmecken viel besser und sind um einiges gesünder.

Wenn Du ein paar Wochen ganz bewusst einkaufen gehst, dann wirst Du schnell erkennen, wie sich die Zusammensetzung der Lebensmittel in Deinem Einkaufswagen zum Positiven verändert.

Körperlich wirst Du auch schnell Veränderungen bemerken: Deine Verdauung wird sich verbessern, Du wirst mehr Energie verspüren etc.

Denke immer daran: Dein Körper ist wichtig! Behandle ihn gut!

Der Einwand – gute Lebensmittel sind teuer – greift hier nur bedingt.

Auch wenn Du kein großes Budget für Lebensmittel hast, wirst Du Lebensmittel finden, die Du Dir leisten kannst und die gut für Deinen Körper sind.

Berührung

Berührungen sind für uns Menschen etwas sehr Wichtiges. Wir alle haben ein Bedürfnis, zu kuscheln und gestreichelt zu werden.

Da aber nicht jede von uns einen Partner hat oder vielleicht mit einem Partner zusammenlebt, der Kuscheln und Berührungen gar nicht mag, gibt es aber immer noch die Möglichkeit, sich selbst zu streicheln.

Das ist nichts Verwerfliches oder Böses – ganz im Gegenteil.
Sich selbst zu berühren und zu streicheln, ist eine Form von Körperkontakt, die uns immer zur Verfügung steht.

Du kannst z. B. unter der Dusche einmal ganz bewusst Streicheleinheiten einplanen. Anstelle einer schnellen hektischen Dusche planst Du einfach eine „Streichel-Dusche" ein.
Verteile das Duschgel ganz bewusst auf Deiner Haut und spüre dabei, wie gut sich allein diese ansonsten so normale Berührung anfühlen kann.

Du hast etwas Hektisches in etwas Schönes umgewandelt.

Wenn Du dann aus der Dusche kommst, dann trockne Dich auch ganz bewusst ab. Genieße das Gefühl des Badetuches auf Deiner Haut.

Tipp:

Wenn Du abends oder am Wochenende duschst, dann mache es Dir nach der Dusche – in Dein Badetuch eingewickelt oder mit ganz bequemer Kleidung – doch eine Weile mit einem Tee oder Kaffee auf dem Sofa gemütlich.
Genieße dieses schöne Gefühl für eine Weile – es wird Dir guttun.

Seele baumeln lassen & Deinen Körper verwöhnen

Hierzu bietet sich ein Wellnesswochenende an.
Wenn Du jetzt gerade daran denkst, wer Dich begleiten soll, dann denke auch einmal über die Vorteile nach, wenn Du Dir ein solches Wochenende ganz allein gönnst.
Du hast dann nämlich die Zeit und Ruhe, um Dich einzig und allein auf Dich und Deine Bedürfnisse zu konzentrieren.
Keine – noch so liebe – Begleitperson redet in deine Gedanken oder möchte lieber die Hot-Stone-Massage, während du für dich selbst eigentlich eine Ganzkörpermassage auswählen möchtest.

An einem solchen Wochenende bist du der Mittelpunkt und du entscheidest, was du wann isst oder trinkst, wie lange du nach dem Besuch der Sauna oder des Dampfbades noch im Liegestuhl entspannst etc.

Glaube mir, so ein Verwöhn-Wochenende nur mit dir, wird dir guttun und dir auch zeigen, dass Du nicht immer Begleitung benötigst, um Dich gut zu fühlen.

Die Vorteile werden überwiegen.

Ach ja, nimm Dein Buch mit. Denn Du wirst es benötigen, weil Du eine Menge neuer Gedanken und Ideen haben wirst, sobald Du Dich entspannen kannst und zur Ruhe kommst.
Schreib einfach alles auf und beschäftige Dich mit diesen Gedanken, wenn Du wieder zu Hause bist. Sie laufen nicht weg.

Der Friseurbesuch

An dieser Stelle wird bestimmt die ein oder andere von Euch schmunzeln.
Uns Frauen wird doch immer nachgesagt, dass wir eine Veränderung in unserem Leben durch einen Haarschnitt, eine neue Frisur oder Haarfarbe ankündigen.
Nun ja, vielleicht stimmt das für die ein oder andere Frau, aber nicht für jede.
Unsere Frisuren haben auch sehr viel mit Gewohnheit zu tun.
Hier diene ich als gutes Beispiel: Solange ich denken und mich erinnern kann, habe ich lange Haare (in „Spitzenzeiten" bis zur Hüfte, aber in der Regel immer bis unter die Schulterblätter).

Aber erst seit vier Wochen sind meine Haare so weit gekürzt, dass sie gerade an die Schulter antippen. Ein lockerer Bob für meine Naturwelle. Ich habe Jahre gebraucht, diesen Schritt zu machen. Warum?

Nun, ich habe in meinem Leben in den letzten Jahren sehr viele Veränderungen und Entwicklungen auf der persönlichen Ebene durchgemacht, dass ich lange Zeit gar nicht an mein Äußeres und mein persönliches Wohlbefinden gedacht habe.

Vor etwa drei Monaten hatte ich dann auf einmal den Gedanken: Ich passe nicht mehr zu mir!

Wenn ich in den Spiegel schaute, sah ich eine Frau, die sich liebt und akzeptiert, wie sie ist, die aber vollkommen vergessen hat, einen der wichtigsten Teile ihres Körpers (was die Wahrnehmung durch andere Menschen angeht) dieser Entwicklung anzupassen.

Die Frau, die mich anschaute, war rein äußerlich immer noch das junge Mädchen, die Ehefrau, die so viel durchzustehen hatte, die alleinerziehende Mutter, die über 25 Jahre alles für ihre Kinder gegeben hat – immer mit der gleichen Frisur.

Es war aber nicht die Frau, die nun in sich ruht, die stolz auf ihr bisheriges Leben ist und auf alles, was sie geschafft hat.

Die Frau, die nichts mehr aus der Ruhe bringt, die ihren Wert kennt und sich selbst liebt.

Wie Du siehst, hat bei mir die neue Frisur – das neue Erscheinungsbild – lange warten müssen.

Ganz einfach, weil es mir am Anfang und während meines Weges nicht wichtig war. Am Ende war es aber ein so bewusster, klarer Wunsch, auch meine äußere Erscheinung mit meinem jetzigen Ich zu verbinden, dass sich der Friseurbesuch (durch Corona dann noch einmal drei Monate verschoben) so angefühlt hat, als ob eine langweilige, graue Raupe nach zwei Stunden als wunderbar beschwingter und aus tiefstem Herzen glücklicher Schmetterling wieder auf die Straße getreten ist.

P.S.: Es ist erstaunlich, wie so ein inneres Glück nach außen strahlt.. In Kombination mit Deiner Frisur wirst Du auffallen, wenn Du durch die Straßen gehst. Menschen werden Dich anschauen und sich denken, warum lächelt diese Frau und warum schaut sie so glücklich aus und wow, sie hat eine Frisur, die wunderbar zu ihr passt.

Wann immer für Dich der richtige Moment für einen Frisurwechsel ist: Es ist Deine Entscheidung, weil es sich für Dich richtig anfühlt, Du Dich belohnen möchtest, oder auch, wenn Du dieses Gefühl in Dir trägst, dass dieser Weg der positiven Veränderung auch an Deinem Äußeren sichtbar sein soll.

Kleiderschrank ausmisten & Deinen Stil finden

Auch mit unserer Kleidung ist es ähnlich wie mit unseren Frisuren.
Die meisten von uns „horten" in ihrem Kleiderschrank viel zu viel Kleidung.
Oftmals sind Stücke dabei, die wir Lieblingsstücke nennen, die wir aber seit Ewigkeiten nicht mehr getragen haben, weil Schnitt und Farbe nicht der aktuellen Mode entsprechen, oder aber es sind solche Kleidungsstücke, die wir „irgendwann" noch einmal tragen können und die „zu schade" zum Wegwerfen sind.

Deinen Kleiderschrank auszumisten, ist nicht einfach, und Du benötigst mit Sicherheit mehrere Anläufe.
Wichtig und gut ist es aber, einfach damit anzufangen.
Das heißt nicht, dass Du Dich sofort von allem trennst. Gib Dir Zeit dafür.

Im ersten Schritt nimmst Du Dir mal eine oder zwei Stunden Zeit – ungestört und in Ruhe, mit angenehmer Musik im Hintergrund –, um Deinen ganzen Kleiderschrank in Augenschein zu nehmen.
Räume ihn aus und mache Dir verschiedene Stapel:

- Lieblingsstücke (hierbei ist es noch ganz gleich, ob sie noch passen etc.)
- Kleidung, die Du seit über zwei Jahren nicht mehr getragen hast.
- Kleidung, aus der Du „herausgewachsen" bist – die nicht mehr passt.
- Kleidung, die Du für Deine Arbeit und Freizeit aktuell trägst.
- Kleidung, die Du noch nie so richtig gemocht hast, und Kleidung, von der Du Dich jetzt trennst.

Sich von Lieblingsstücken zu trennen, ist oft ein längerer Prozess und wird bei den meisten von uns schrittweise über die nächsten Wochen und Monate erfolgen.

Bist Du Dir bei einem Kleidungsstück unsicher, ziehe es ruhig einmal an und betrachte Dich im Spiegel.
Passt es noch zu Dir, zu Deinem neuen Ich, das sich gerade entwickelt?
Wie fühlst Du Dich, wenn Du Dich selbst im Spiegel betrachtest?
Höre auf Dein Gefühl, und wenn Du Dich komisch fühlst, dann trenne Dich von dem Kleidungsstück.

Klar wird die ein oder andere von uns nun denken, dass die Kleidungsstücke doch noch so gut wie neu oder wenig getragen sind und die Anschaffung auch Geld gekostet hat.

Aber ja, das ist vollkommen richtig.
Du bist nun aber in einer Veränderungsphase, denn die Entwicklung Deiner Selbstliebe findet auf vielen verschiedenen Ebenen statt.

Kleide Dich nach und nach mit der Kleidung, die Du an Dir magst und die Dein Selbstwertgefühl und Deine Selbstliebe unterstreicht.
Das soll das Hauptaugenmerk sein, wenn Du Deinen Kleiderschrank ausmistest.

Tipp:

In jeder Stadt und jeder Gemeinde gibt es wohltätige Organisationen, die sich über Deine Kleiderspende für bedürftige Menschen freuen werden.
Du kannst es Dir zwar einfach machen und die aussortierte Kleidung einfach in einen Kleidercontainer werfen, aber es ist ein viel besseres Gefühl – und Du tust noch etwas Gutes –, wenn Du Deine Kleidung an Menschen weitergibst, die sie wirklich benötigen und noch lange Zeit tragen werden.

Irgendwann wirst Du merken, wie praktisch ein ausgemisteter Kleiderschrank ist.
Einerseits hast Du jetzt nur noch Kleidung, die Du magst, und andererseits hast Du jetzt die Freiheit und den Platz, Dir nach und nach nur noch „Ich mag mich"-Kleidung zu besorgen.

Denke daran: Du bist frei von Erwartungen anderer und hast die Freiheit, Dir nur solche Kleidung neu zu kaufen, in der Du Dich wohlfühlst und die Deine Selbstliebe unterstreicht.

Wähle Materialien, die sich angenehm auf Deiner Haut anfühlen, Schnitte, die Deiner Figur schmeicheln, Farben, die Dich zum Strahlen bringen.

Gönne Dir anstelle von zwei günstigen Jeans vielleicht nur eine, die zwar etwas teurer ist, in der Du Dich aber phänomenal fühlst.

Das Gleiche gilt auch für Deine Unterwäsche: Wähle Materialien und Schnitte, in denen Du Dich wohlfühlst.

Wenn Dich z. B. ein Bügel-BH schon seit Jahren nervt, weil die Bügel immer in Deine oberen Rippen drücken, dann probiere einfach mal einen der neuen BHs ohne Bügel an. Mittlerweile gibt es tolle Modelle, die wunderbar formen und unterstützen und zudem angenehm zu tragen sind.

Als ich mein Projekt „Kleiderschrank ausmisten" nach mehreren Anläufen soweit abgeschlossen hatte, dass ich zufrieden war, habe ich mich richtig darauf gefreut, neue Kleidungsstücke hinzuzufügen. Kleidung, die mein neues Ich und mich repräsentierte.

Ein rundum tolles und befriedigendes Gefühl, denn Du machst das alles einzig und allein nur für Dich.

selbstlob

Um gerade beim Ausmisten Deines Kleiderschrankes zu bleiben: Lobe Dich selbst, wenn Du wieder einen neuen Stapel aussortiert hast, denn

Du hast etwas geschafft, was Dir vielleicht vor ein paar Monaten noch gar nicht möglich gewesen wäre.

Aber auch in vielen anderen Lebenssituationen gibt es immer wieder Momente, in denen Du Dich selbst loben kannst und sollst.

Wenn Du allein am Ende eines hektischen und mit Aufgaben vollgepackten Tages erschöpft auf die Couch sinkst, dann entspanne Dich zunächst. Reflektiere über Deinen Tag und lobe Dich dafür, dass Du so viel geschafft hast.
Es ist eine Leistung, die geachtet und honoriert werden soll.

Ein anderes Beispiel:
Vielleicht gehörst Du im Moment noch zu den Menschen, die es viel Überwindung kostet, auch die einfachsten täglichen Aufgaben zu erledigen.
Lobe Dich bitte immer dafür, wenn Du eine solche Aufgabe (z. B. Müll aus dem fünften Stock nach unten bringen etc.) erledigt hast.
Einerseits hast Du diese Aufgabe angepackt und erfüllt und andererseits hast Du auch ein wenig trainiert bei all dem Treppensteigen – Deinem Körper also etwas Gutes getan.

Oder Du traust Dich, in der Freizeit etwas ganz Bestimmtes auszuprobieren (Hochseil-Klettergarten, Flying Fox etc.), vor dem Du einen gehörigen Respekt, vielleicht sogar etwas Angst hattest.
Lass Dir sagen: Es lohnt sich, solche Sachen auszuprobieren, ganz egal wie jung oder alt, wie fit oder untrainiert Du bist.

Du wirst Dich hervorragend fühlen, wenn Du Dich den Herausforderungen stellst und sie bewältigst.

Lobe Dich für Deinen Mut, die Sache angegangen und durchgezogen zu haben.

Nach einem solchen Tag und Erlebnis wirst Du abends mit einem großartigen Gefühl und einem Lächeln auf Deinem Gesicht in den Schlaf gleiten.

Was Du an Dir magst

Hast Du Dir schon einmal bewusst Gedanken darüber gemacht, was Du an Dir selbst magst?

In dieser Übung geht es darum, dass Du Dir all Deiner guten Eigenschaften und auch Deines tollen Körpers bewusst wirst.
Nimm Dein Buch zur Hilfe und schreibe Dir hier nur Deine positiven Eigenschaften auf.

Nimm dir für den Start Zeit und Ruhe, darüber nachzudenken, denn es ist gar nicht so einfach, einmal bewusst herauszustellen, warum Du eine tolle Frau bist.
Die Liste wird mit der Zeit mit Sicherheit noch mit mehreren Deiner positiven Eigenschaften ergänzt.

Das Schöne und Faszinierende an solch einer Übung ist nämlich, dass wenn du erst einmal bewusst damit beginnst (am Anfang wird es dir gar nicht so leichtfallen), dir in der Folgezeit automatisch deine Eigenschaften bewusster sein werden und du deine Liste wirst ergänzen können.

Schau Dir diese Auflistung von Zeit zu Zeit an, und sei stolz darauf, was für eine tolle Frau du bist.
Das gleiche gilt für deinen Körper.

Kein Körper ist perfekt, und leider wird uns durch die Medien und superschlanke Modells schon seit Jahrzehnten ein falsches Frauenbild vermittelt.

Egal welche Form dein Körper hat, jeder Körper ist liebenswert und deine Aufgabe ist es jetzt, dass du dir dessen auch bewusst wirst.

Schaue dich nach der Dusche einmal in einem großen Spiegel an und betrachte deinen Körper ganz genau.
Was magst du an deinem Körper?
Sind es deine Augen, der Schwung deiner Augenbrauen, die Ohrläppchen oder deine Lippen?
Schreib dir diese Körperstellen auf und verbanne dabei die Gedanken all der Erwartungen, die von außen an dich herangetragen werden.

Dein Körper begleitet dich durch dein Leben.

Die ein oder andere von euch wird jetzt gerade wieder denken, dass sie zu viel auf die Waage bringt, dass es hier und da ein Röllchen gibt, das vor ein paar Jahren noch nicht da war etc.

Denke aber auch daran, dass du nicht dein ganzes Leben mit einem Traumkörper (so wie er von den Medien definiert wird) durchs Leben gehen kannst.
Wir Frauen erfüllen so viele Rollen in unserem Leben, und gerade die Mütter unter uns wissen, dass z. B. jede Geburt den Körper verändert.

Wenn du jetzt in den Spiegel schaust und deine Brüste nicht mehr so rund und wohlgeformt wie in deiner Teenager- oder jungen Erwachsenenzeit findest, dann liegt das auch daran, dass du eine Mutter bist und deine Brüste etwas Wunderbares erfüllt haben: Du hast deine Kinder mit diesen wunderbaren Brüsten ernährt.

Auch die Haut an deinem Bauch ist vielleicht nicht mehr so straff und du kannst immer noch die Hautrisse sehen, die durch die Dehnung in der Schwangerschaft entstanden sind: Sei stolz darauf! Du bist eine Mutter und hast mit deinem Körper neues Leben geschaffen und ein Kind auf die Welt gebracht.

Wie du deinen Körper betrachtest, hat sehr viel mit deiner inneren Einstellung zu tun, und diese Übung hilft dir dabei, dich mit mehr Liebe und Anerkennung in einem ganz neuen Licht zu sehen.

Nach einiger Zeit werden diese beiden Listen gewachsen sein und dann kannst du auf deren Grundlage z. B. einen Liebesbrief an dich selbst schreiben. Schreibe positive Sätze wie „Ich liebe dich für dein Lächeln!". Alles, was an dir gut und liebenswert ist – inklusive deines Körpers –, kannst du in diesem Brief bewusst notieren.

Du wirst erstaunt sein, wie liebenswert und toll du in Wirklichkeit bist.

Und wenn du auf deinem Weg „Zweifeltage" hast – was ohne Weiteres vorkommen kann –, dann lies dir einfach diesen Liebesbrief durch.

Denn du bist einzigartig und liebenswert.

Natur bewusst genießen

Wer von uns kennt nicht diese Momente, in denen einem alles zu viel und zu stressig ist und wir am liebsten den Kopf in den Sand stecken oder einmal laut schreien wollen, um all den Druck und vielleicht auch die Frustration loszuwerden.

Hier habe ich eine tolle Idee, weil es mir sehr gutgetan hat:
Geh raus in die Natur. Mache einen Spaziergang.

„Dafür habe ich keine Zeit!" – wird sich die ein oder andere jetzt gerade denken.

Das mag auf den ersten Blick so ausschauen, aber du hast die Zeit, weil du sie dir von nun an nehmen wirst.

An solch „schlimmen Tagen" bringt es nämlich gar nichts, wenn du einfach weitermachst und deinen vollen Tagesplan durchziehst, denn es wird sich während der Erledigungen noch an mehreren Stellen zeigen, dass die Dinge nicht so ablaufen, wie du es geplant hast, und dein Stress wird immer größer.

Ein Spaziergang in der Natur muss nicht Stunden dauern. 30 Minuten reichen oft schon aus, dass du deine innere Ruhe und Stärke wiederfindest und dann mit viel mehr Ruhe und Gelassenheit den Rest deines Tages bewältigen kannst.

Die frische Luft, die körperliche Bewegung und die beruhigende Natur um dich herum sind ideal, um dich zu entspannen. Denke bei diesem

Spaziergang bitte nicht darüber nach, was alles so stressig ist und wie viel du an diesem Tag noch vor dir hast.

Gehe los, atme ganz bewusst die gute frische Luft ein, höre auf die Vögel, die in den Bäumen zwitschern, erfreue dich an den leuchtenden Farben der Blumen auf deinem Weg.
Du wirst schon nach ein paar Minuten die beruhigende Wirkung der Natur bemerken. Genieße sie, denn sie spendet dir Kraft, Ruhe und Ausgeglichenheit.

So ein Spaziergang ist etwas, was du nur für dich selbst tust, und somit ein wichtiger Teil deiner sich neu entwickelnden Selbstliebe.
Genieße es!

Sei kreativ

Viele von uns leben seit Jahren in einer Wohnung, die sich seit dem Einzug eigentlich nicht groß verändert hat.

Hierbei denke ich jetzt nicht daran, sich komplett mit neuen Möbeln auszustatten, sondern ich habe eher kreative Veränderungen im Sinn.

Wenn du z. B. nur von weißen Wänden umgeben bist, dann denke doch einmal darüber nach, ob du den einen oder anderen Raum in deiner Wohnung nicht mit einem Farbakzent wärmer und wohnlicher gestalten möchtest?

Oder du schaust deine Küche an. Sie ist vielleicht schon zehn Jahre alt und du hast dich an der Farbe sattgesehen. Du musst keine neue Küche kaufen, sondern kannst Farbe oder Folie nutzen, um dir selbst eine „neue Küche" zu schenken.

Das Großartige daran ist, dass du dir eine Farbe nach deinem Geschmack aussuchen kannst. Es gibt mittlerweile ganz wunderbare Küchenschrankfarben, die in allen möglichen Tonabstufungen gemischt werden können.
Sollten deine Türgriffe nicht mehr dazu passen, so hat jeder Baumarkt ein ausreichendes Sortiment zur Auswahl.

Die Planung, die Farbauswahl und das Umstylen deiner Küche sind ein Projekt, das vom ersten Tag an Spaß macht, und auch wenn du so etwas noch nie gemacht hast, wird es dir gelingen, und am Ende wirst du, vielleicht noch mit Farbspritzern auf deiner Kleidung, vor deiner „neuen" Küche stehen und unsagbar stolz auf dich selbst sein.

Sei stolz, denn du hast etwas geschafft, das dir niemand zugetraut hat.

Es gibt so viele Möglichkeiten, kreativ zu sein.
Denke darüber nach, was du gerne machen möchtest, und hab keine Angst vor deinen eigenen Ideen.
Deine Ideen und Projekte sind umsetzbar – fang einfach mal mit einem kleineren Projekt an.
Es gibt mittlerweile so viele DIY-Videos mit Anleitungen im Internet und auch die freundlichen Verkäufer in Baumärkten stehen uns Frauen – grins – gerne mit Rat und Tat zur Seite.

Verwöhne dich selbst

Wenn du keinen romantischen Partner an deiner Seite hast, der dir hin und wieder einen Blumenstrauß als Dankeschön und Liebeserklärung schenkt, dann kaufe dir doch selbst einmal einen schönen Blumenstrauß.

Der zarte Duft der Blumen und ihre frischen Farben werden eine positive Wirkung auf dich haben.

Auf dem Weg von der Arbeit kommst du an einer Konditorei vorbei und hast auf einmal Lust auf ein sündhaftes Stück Torte.
Gehe hinein und suche dir ein Stück aus.
Wenn du dann zu Hause bist, mache es dir mit einem Kaffee und deinem Tortenstück bequem. Genieße jeden Bissen, konzentriere dich auf das Geschmackserlebnis.
Sich selbst zu belohnen und zu verwöhnen, soll von nun an mit zu deinem Leben gehören.
Gönne dir ganz bewusst solche Verwöhn-Momente.

Vermeide Negatives

In der nächsten Zeit ist es auch empfehlenswert, ganz bewusst die negativen Dinge aus deinem Leben zu entfernen.

Ein kleines Beispiel:
Ist dir schon einmal aufgefallen, dass es keine Nachrichtensendung gibt, die nur über Positives berichtet?

In Wirklichkeit ist es so, dass negative Aspekte bei jeder Nachrichtensendung dominieren.

Ich habe früher zu den Menschen gehört, die sich mehrmals am Tag Nachrichten im Radio oder TV angehört und angeschaut haben. Ich wollte nichts verpassen, was auf der Welt passiert.

Irgendwann habe ich vor dem TV gesessen und die Abendnachrichten geschaut, und es ist mir von einer Sekunde auf die andere bewusst geworden, dass die Nachrichten zu 90 % oder mehr aus negativen Nachrichten bestehen.

Von da an habe ich begonnen, Nachrichtensendungen ganz bewusst zu reduzieren.

Eine Nachrichtensendung am Tag reicht völlig aus, und auch ein paar Tage ohne Nachrichten führen nicht dazu, dass man den Anschluss verpasst.

Genauso oder ähnlich ist es auch mit den Menschen in deiner Umgebung, die ständig jammern, meckern oder an allem etwas auszusetzen haben.

Diese Menschen braucht es nicht in deinem Leben und deiner näheren Umgebung.

Schlechte Nachrichten, schlecht gelaunte Menschen, dunkle Orte, brutale Filme, dunkle Musik etc. ziehen dich runter ins Negative.

Überlege einmal, was in deinem Leben einen negativen Einfluss ausübt, und distanziere dich von diesen Personen oder Dingen.

Dein Leben benötigt ab heute nichts Negatives mehr, denn du entscheidest, was dir guttut, und du hast die Freiheit und das Recht, dich von Negativem zu verabschieden und somit Platz für Neues und Positives zu schaffen.

Das waren jetzt einige Übungen, die sich leicht in dein Leben integrieren lassen und die dir dabei helfen werden, deine Selbstliebe aufzubauen, zu unterstützen und zu stärken.

Wenn du für dich selbst das Beste möchtest und stetig daran arbeitest, wirst du bald zu den Frauen gehören, die aus tiefstem Herzen und mit Stolz sagen können, dass sie sich selbst lieben.

Selbstliebe im Alltag – Beziehung, Beruf etc.

Im Zusammenhang mit Selbstliebe wirst du immer wieder lesen, dass du dich erst einmal selbst lieben musst, bevor du jemand anderen lieben kannst.

Als ich diese Aussage zum ersten Mal gelesen habe, kamen mir sofort einige Gedanken.
Es war zu der Zeit, in der ich gerade begann, mich mit dem Thema Selbstliebe zu befassen – so wie auch du im Moment.

Lass dich durch diese Aussage nicht verunsichern, was deine bisherigen Gefühle in Sachen Liebe betrifft.

Es ist sonnenklar, dass du in deinem bisherigen Leben schon geliebt hast und auch noch liebst – stelle diese Gefühle nicht infrage.
Ganz im Gegenteil: Das, was du durch die Beschäftigung und die bewusste Auseinandersetzung mit dem Thema Selbstliebe lernst, hilft dir ab heute dabei, bessere Beziehungen aufzubauen und zu führen.

Liebesbeziehungen

Die Beziehung zu einem Partner kann wunderschön und harmonisch sein, aber die ein oder andere Beziehung kann auch auf die ein oder andere Weise fast schon zerstörerisch sein.

Das ist dann meistens die Art von Beziehung, in der der Mann dominant ist und die Oberhand hat.

Eine solche Beziehung zu analysieren, würde schon ein eigenes Buch füllen, aber es geht hier um Dich als Frau.
Wenn Dein Partner der Chef in Eurer Beziehung ist, führt das unweigerlich dazu, dass Du Dich immer kleiner und unwichtiger fühlst. Deine Selbstliebe ist nicht mehr existent und über die Zeit identifizierst Du Dich nur noch über Deinen Partner.

Frauen in solchen Beziehungen, die dann mit ihrem letzten bisschen Kraft und Selbstachtung beginnen, sich selbst kennen und lieben zu lernen, haben in der Regel einen langen und harten Weg vor sich.

Die ein oder andere Beziehung wird diesen Prozess auch nicht überleben, weil es Männer gibt, die mit einer Frau, die stärker wird, mehr auf sich achtet, ihre Wünsche äußert und auch Dinge nur für ihr eigenes Wohlbefinden tut, nicht mehr zurechtkommen.
Diese Männer fühlen sich ihrer „Macht" beraubt, denn sie haben in Wirklichkeit oft selbst ein sehr geringes Selbstwertgefühl, das sie durch ihre „dominante" Art übertünchen.

Das soll Dich jetzt bitte nicht abschrecken, denn Du hast – wie jede andere Frau auch – ein Recht auf Selbstachtung und Selbstliebe.

Harmonische Beziehungen, bei denen die Kommunikation zwischen den Partnern gut funktioniert, haben eine viel bessere „Überlebenschance".
Wenn Du einen Partner hast, mit dem Du über alles sprechen kannst, hast Du auch die einmalige Gelegenheit, Deinen Partner von Anfang an in Deinen Entwicklungsprozess mit einzubinden.

Erkläre Deinem Partner, was in Dir passiert, dass Du herausfinden und lernen möchtest, wie Du Dich selbst auf eine gesunde Art lieben lernen kannst und so auch Deine eigene Wertschätzung stabilisierst.

Auch in der harmonischsten Beziehung wird es immer wieder Momente geben, wo Dich Dein Partner fragt, ob Du okay bist oder ob Du ein Problem hast.

Wie oft hast Du schon mit „Es ist alles in Ordnung" geantwortet?
Das passiert meistens, wenn Du Tag für Tag durchs Leben eilst, all Deine Aufgaben erfüllst und trotzdem immer weniger glücklicher bist.
Du funktionierst und fühlst aber gleichzeitig, dass etwas nicht so ist, wie es sein sollte.

Habe einfach den Mut, mit Deinem Partner über so etwas zu sprechen.
Ein verständnisvoller Partner wird Dich auf Deinem Weg unterstützen, denn es wird auch ihm guttun, wenn er eine Frau an seiner Seite hat, die sich selbst liebt.

Der ein oder andere Partner wird seine Liebste nach einem solchen Gespräch auch dahingehend überraschen, dass er vielleicht selbst sagt: Ich möchte auch lernen, wie ich mich selbst lieben und wertschätzen kann.

Noch einmal kurz zu dem Wort „Liebe".
Wir Frauen haben oft ein sehr eingeschränktes und falsch anerzogenes Verständnis von Liebe: Uns wird schon als Mädchen vermittelt, das Liebe bedeutet, ganz selbstlos für andere Menschen da zu sein. Immer in dem Bemühen, dass es dem Partner, den Kindern, der Familie und den engen Freunden gut geht.

Selbstlos sollen wir sein, das wird auch in der heutigen Zeit noch viel zu oft von uns Frauen erwartet.
Wer aber immer selbstlos ist und es allen anderen Menschen recht macht, der ist „unsichtbar" und Lichtjahre entfernt von einer gesunden Selbstliebe.

Viele Frauen leben viele Jahre in einem solchen Zustand und wenn sie dann von Selbstliebe hören, sich damit beschäftigen und sie erlernen, dann blühen sie geradezu auf und es ist wunderschön, so eine Veränderung mitzuerleben.

Neben dem falschen Frauenbild in einer Beziehung gibt es aber auch die Beziehungen, in denen Liebe eine ganz andere Bedeutung hat.
Die Partner gehen stets respektvoll und liebevoll miteinander um.
Beiden ist es ein Anliegen, den anderen glücklich zu machen.
Tägliche Aufgaben werden aufgeteilt, sodass auch immer ausreichend Zeit vorhanden ist und gemeinsame Aktivitäten eingeplant werden können.
Das Großartige an dieser Art von Liebe ist auch die offene und unterstützende Kommunikation.
In solch einer Beziehung unterstützen sich die Partner gegenseitig mit Ehrlichkeit und Offenheit und geben sich gegenseitig die Möglichkeit, zu wachsen und sich weiterzuentwickeln.

Ganz egal, in welcher Art von Beziehung oder Partnerschaft Du lebst: Selbstliebe zu erlernen und den eigenen Wert in einer Beziehung zu erkennen, wird die meisten Beziehungen noch verbessern, stärken und um einiges harmonischer machen.

Aber es wird auch Beziehungen geben, die nur funktioniert haben, weil Du nie gesehen und nicht geachtet wurdest. Solche Beziehungen haben dann oftmals die Tendenz, nicht zu überleben, wenn Du an Stärke und Selbstvertrauen gewinnst.

Dieses Buch soll inspirierend und motivierend für alle Frauen sein, ganz egal, in welcher Lebenssituation Ihr Euch gerade befindet.
Dazu gehört auch Ehrlichkeit.

Gerade Frauen in schwierigen persönlichen Beziehungen sollen nicht aus Angst, ihre Beziehung zu verlieren, darauf verzichten, sich selbst lieben zu lernen und in der Folge ein glücklicheres Leben haben zu können.
Sind die persönlichen Situationen schwierig und kompliziert, kann ich nur empfehlen, mithilfe eines Therapeuten an der eigenen Selbstliebe und persönlichen Entwicklung zu arbeiten.

Berufliche Beziehungen

Du weißt jetzt schon, dass Selbstliebe die Grundlage für mehr Glück und Zufriedenheit in Deinem Leben ist.

Sobald Du Selbstliebe gelernt hast, ist es Dir nicht mehr wichtig, ob Dich andere Menschen mögen und akzeptieren, denn Du weißt um Deinen Wert und wie gut und einzigartig Du bist.

Durch diese Sicherheit wirst Du automatisch auch freier und unabhängiger, was sich gerade im Berufsleben ganz deutlich zeigen wird.

Deine Arbeitskollegen werden die positiven Veränderungen bemerken, denn Du hast es nicht mehr nötig, Dich zu verstellen, um z. B. bemerkt oder angesprochen zu werden.

Deine neue, positive Ausstrahlung wird auffallen, genauso wie Deine Gelassenheit und Ruhe in bestimmten Situationen oder gegenüber bestimmten Kollegen.

Dir wird es immer leichter fallen, zu Deinen Fehlern zu stehen (wir sind alle Menschen und machen nun mal manchmal Fehler – so etwas passiert eben).
Du wirst mit auftretenden Problemen und auch mit Rückschlägen viel entspannter umgehen können, da Du die innere Sicherheit hast, alles in Deinen Fähigkeiten Stehende für diese Sache geleistet zu haben.

Kritik wird für Dich in Zukunft auch nicht mehr herabwürdigend und destruktiv sein, denn Du wirst wissen, dass Kritik immer ein kleines bisschen Wahrheit enthält. Auf diese Weise kannst Du auch die gemeinste Kritik – nachdem Du in Ruhe darüber nachgedacht hast – in etwas Positives umwandeln und Dinge für Dich selbst und Dein Umfeld noch verbessern.

<u>Kleiner Zwischengedanke:</u>
Die Arbeitskollegen, die ständig an anderen herumkritisieren, sind oft die unsichersten Menschen. Die ständige Kritik und das oft „laute" Verhalten sollen nur über solche Unsicherheiten hinwegtäuschen.

Freunde & Bekannte

Auch die Beziehungen zu Deinen Freunden und Bekannten werden sich mit Deiner immer stabiler werdenden Selbstliebe auf unterschiedliche Arten verändern.

Je mehr Du Dich selbst akzeptierst und liebst, umso leichter wird es Dir auch fallen, die Menschen in Deinem Freundes- und Bekanntenkreis zu erkennen, die nicht gut für Dich sind.

Dazu gehören die Menschen in Deiner Umgebung, die wahre Meister darin sind, Dich mit gemeinen Aussagen aus der Bahn werfen zu wollen. Manchmal sind das aber Menschen, denen Du nicht einfach aus dem Weg gehen kannst, weil es vielleicht Deine Schwägerin, die Schwiegermutter oder die Ehefrau des besten Freundes Deines Partners ist.

Das, was sich bei Dir durch die neu gewonnene Selbstliebe aber verändert, ist der Umstand, dass Du nicht mehr jede gemeine Aussage persönlich nimmst und Dich von ihr verletzt fühlst.
Du hast jetzt die Sicherheit, dass Du höflich, aber bestimmt Widerstand leisten kannst oder durch eine ehrliche und dennoch höfliche Antwort die entsprechende Person an ihre Grenzen erinnerst.
So etwas hilft oft dabei, dass Ruhe in euer „Verhältnis" kommt und ihr auch die kommenden Monate und Jahre irgendwie miteinander auskommt.

Gibt es in Deinem Umfeld Menschen, zu denen Du nicht unbedingt eine Beziehung aufrechterhalten musst, die Dich aber ständig kritisieren oder gemein und ungerecht zu Dir sind, dann verbringst Du von nun an eben keine Zeit mehr mit diesen Menschen.

Es sind Energiediebe, die sich auch mit großer Wahrscheinlichkeit nicht ändern werden, denn sie finden es gut, andere Menschen verbal zu attackieren. Selbst gehören sie zu den unsicheren Menschen.

Du hast mit Deiner Selbstliebe jetzt die einmalige Möglichkeit, in Deinem Freundes- und Bekanntenkreis ein wenig Ordnung zu schaffen.

Wenn Du einmal keine Lust hast, mit Deinen Freundinnen auszugehen, dann hast Du die Freiheit, „Nein" zu sagen, ohne dass Du ein schlechtes Gewissen verspüren wirst.

Auf der anderen Seite wird Dein Freundes- und Bekanntenkreis aber auch die positiven Veränderungen in Dir bemerken.
Dein Schritt ist beschwingter, Dein Lächeln ansteckend, Du bringst gute Laune mit und man kann leicht erkennen, dass Du um einiges glücklicher und zufriedener bist.

Die Zeit, die Du mit Deinen Freunden verbringst, wirst Du ganz anders empfinden und Du kannst sie viel besser und entspannter genießen.

Selbstliebe und Beziehungen sind ein sehr umfangreiches Thema.
Manche Beziehungen – ganz egal, ob auf beruflicher oder privater Ebene – werden Deine Veränderung nicht überdauern.
Das gehört aber zu Deiner Entwicklung auf Deinem Weg zur Selbstliebe.

Wenn Du Dir dessen schon von Anfang an bewusst bist, dann wird es auch nicht zu einem Schock auf Deinem Weg.

Auf der anderen Seite stehen all die Beziehungen, die um so vieles besser, intensiver, glücklicher und erfüllender werden.

Freue Dich darauf, denn Dein neues Leben wird schön.

Selbstliebe und Selbstwert

Selbstliebe und Selbstwert gehören zusammen, denn wenn Du Dich selbst liebst, erkennst Du auch Deinen Selbstwert.

Schauen wir uns nun einmal etwas genauer an, wie Selbstliebe und Selbstwert zusammenhängen.

Dabei solltest Du immer daran denken, dass Selbstliebe etwas Gutes und Schönes ist, auch wenn es oft mit negativen Begriffen assoziiert oder fälschlicherweise gleichgesetzt wird.
Am Anfang Deines Weges steht ganz eindeutig Dein „Mut".
Mut, die ersten Schritte in Richtung Selbstliebe zu gehen.

Da Du ja jetzt gerade dieses Buch liest, hast Du schon den ersten mutigen Schritt getan.

Du darfst richtig stolz auf Dich sein, denn Du gehörst zu den Frauen, die auf der Suche nach einer Antwort und nach einem neuen – selbstbestimmten – Lebensgefühl sind.

Auch wenn Du noch in der „Neugier"-Phase bist und bis hierher Deine innere Sehnsucht noch nicht genau in Worte fassen konntest, lernst Du jetzt gerade den Weg kennen, der vor Dir liegt.

In beiden Fällen bist Du aber jetzt bereit dazu, Dich aus Deiner sogenannten „Komfortzone" herauszubewegen.

Sich von eingefahrenen Gewohnheiten und lebenslangen Erwartungen zu lösen und zu verabschieden, ist kein leichter Weg. Es ist aber ein überaus lohnenswerter Weg.
Die Zeit und natürlich auch Energie, die Du in diesen Weg und somit einzig und allein in Dich investierst, sind es aber wert.

Wir Menschen – und oftmals glaube ich, wir Frauen im Besonderen – suchen oft erst einmal nach dem Negativen, wenn wir über eine Veränderung nachdenken.

Ganz nach dem Motto: Wo es so viele Vorteile gibt, begegne ich sicherlich auch einigen Nachteilen.

Hier kann ich Dich absolut beruhigen, denn eine gesunde Selbstliebe kennt keine Nachteile!

Als ich mich einmal mit einer Bekannten über das Thema Selbstliebe unterhielt, kam von ihr rasch die Aussage: „Das hört sich ja alles viel zu schön an. Was ist aber, wenn ich auf einmal von meinem Mann oder den Arbeitskollegen als egoistisch oder im schlimmsten Fall als narzisstisch bezeichnet werde?"

Diese Frage oder einfach nur dieser Gedanke steht für viele Frauen am Anfang ihres Weges.

Es ist auch verständlich, denn wir alle möchten doch geliebt werden und nicht an den Rand einer Gruppe (privat, beruflich, in der Freizeit) geschoben werden.

Aus diesem Grund möchte ich Dir an dieser Stelle diese „negativen" Begriffe noch einmal erläutern. Dies ausschließlich mit dem Gedanken, Dich dazu zu ermutigen, Deinen Weg der Selbstliebe weiterzugehen.
Denn wenn Du weißt, dass nicht jeder negativ klingende Begriff auch wirklich negativ ist, dann bleibst Du auf Deinem Weg mutig und fokussiert.
All die Neider, Nörgler und Zweifler rund um Dich herum können Dir dann nichts mehr anhaben.

Zunächst wird es Dir – wie schon weiter oben kurz erwähnt – mit Sicherheit oft passieren, dass die Menschen in Deinem Umfeld Dir sagen werden, dass Du egoistisch wirst.

Nein, das wirst Du nicht, denn Du entwickelst einen „gesunden Egoismus"!
Das Wort Egoismus beinhaltet nämlich positive und negative Eigenschaften – was die meisten Menschen leider nicht so schnell realisieren.
Dadurch, dass Du aufhörst, Dich selbst zu vernachlässigen, und bewusst Dinge tust, die Dir guttun, wirst Du zu einem „gesunden Egoisten".

Im Vergleich dazu gibt es die negativen Egoisten, die einfach nur eigennützig und immer auf ihren eigenen Vorteil bedacht sind.

Viele – oder die meisten – dieser negativen Egoisten können auch als Egozentriker bezeichnet werden. Sie gehen – ohne groß nachzudenken –

fast immer davon aus, dass sie der Mittelpunkt des Geschehens sind und beziehen alles, was geschieht, ausschließlich auf sich selbst. Ein Egozentriker ist nicht in der Lage, die Probleme anderer Menschen zu sehen. Es fehlt ihm an Empathie, um die Not seines Gegenübers wahrzunehmen und zu verstehen.

Eine Beziehung kann z. B. nie funktionieren, wenn ein Egozentriker mit einer Frau zusammen ist, die lernt, sich selbst zu lieben. Hier treffen zwei Welten aufeinander, die nicht miteinander können.

Ein weiterer negativer Begriff in diesem Zusammenhang ist „Überheblichkeit".
Überhebliche Menschen überschätzen ständig und überall ihre Fähigkeiten (gedanklich und körperlich). Sie wissen immer alles besser, meinen alles besser zu können und sind auch vorsichtigster Kritik gegenüber unbelehrbar.

An der Spitze dieser negativen Begriffe steht aber ganz eindeutig der „Narzissmus".
Es ist erstaunlich, wie viele narzisstische Menschen es gibt. Oftmals verfügen sie über eine enorme, unterbewusste Fähigkeit, sich zu „tarnen". Wer schon einmal das Pech hatte, eine narzisstische Persönlichkeit in seinem Leben zu haben, wird diese Aussage verstehen.
Wenn Du Dich aber mit dem Begriff Narzissmus ein wenig beschäftigst, dann kann es Dir gelingen, auch einen Narzissten schon frühzeitig zu entlarven.

Ein Narzisst ist absolut resistent gegenüber Kritik, verfügt oft über ein aufgeblasenes Selbstwertgefühl und hat eine überzogen positive Selbstwahrnehmung.

Egal ob Mann oder Frau – Narzissten gibt es in beiden Geschlechtern –, es sind Menschen, die sich über andere stellen und die den Anspruch haben, mehr wert zu sein als ihre Mitmenschen.

Als Nächstes schauen wir uns die Begriffe an, die in diesem Zusammenhang als neutraler und positiver wahrgenommen werden.

Zunächst einmal geht es bei dem gesamten Prozess, sich mit Selbstliebe und Selbstwert zu beschäftigen, auch um Deine Selbstachtung. Selbstachtung wirst Du vielleicht schon eine ganze Weile vor dem Tag erleben, an dem Du aus der Tiefe Deines Herzens heraus sagen kannst „Ich liebe mich so, wie ich bin!".
Auf dem Weg dorthin bekommst Du Schritt für Schritt ein ehrliches und gutes Gefühl für Deine eigene Würde und der Respekt gegenüber Dir selbst wird auch Tag für Tag und mit jeder bestandenen Herausforderung wachsen.
Selbstachtung kann man gut mit einem kleinen Satz zusammenfassen: „Schätze Dich selbst!"

Mit der neu erworbenen Selbstachtung steigt auch Dein Selbstvertrauen. Du merkst, wie Du immer besser auf Dich selbst und auf Deine eigenen Entscheidungen vertrauen kannst, ohne alles hundertmal zu durchdenken und dabei doch keinen Schritt weiterzukommen. Auch Dein Auftreten generell wird sich Schritt für Schritt verändern, ohne dass Du es vielleicht sofort bemerkst: Du wirst aufrechter und dynamischer gehen, Deinen Mitmenschen auch mal ein Lächeln zuwerfen etc. Dies alles passiert automatisch, da sich in Dir drin so viel verändert, dass es auch von außen wahrgenommen werden kann.

Jetzt kommen wir zum Selbstbewusstsein.

Selbstbewusstsein ist gut, solange Du es bewusst entwickelst.
Und dazu hast Du ja hier Deine ersten Schritte unternommen.
Mit Sicherheit hast auch Du in Deinem Freundes- und Bekanntenkreis einen Menschen, der vor Selbstbewusstsein nur so strotzt.
In fast jeder Gruppe – ganz egal, ob im Job, in der Freizeit oder auch in der Familie – gibt es einen solchen Menschen.
Für einige Zeit mag dieses große Selbstbewusstsein vielleicht noch interessant sein, aber sobald Du merkst, dass es sich hierbei nur um eine unrealistische und absolut verzerrte Selbstwahrnehmung und eine falsche Einschätzung von Fähigkeiten und Stärken handelt, wirst Du unterbewusst auf Distanz zu dieser Person gehen oder sie sogar als absolut unangenehm wahrnehmen.

Du hast jetzt auf Deinem Weg die Chance, ein gutes und gesundes Selbstbewusstsein zu entwickeln, da Du die Problematik nun kennst.
Lerne Deine Fähigkeiten und Stärken kennen und nutze dieses brachliegende Potenzial sinnvoll.
Bleibe bitte immer realistisch und nehme Dich offen und ehrlich war.
Auf diese Weise wird es Dir gelingen, Dir Deiner selbst bewusst zu werden und auch immer zu bleiben und Du wirst ein gesundes Selbstbewusstsein entwickeln, das jeder zu schätzen lernt.

Bei all diesen Begriffen müssen wir uns auch das Wort Selbstkritik ein wenig genauer anschauen.
Erstaunlicherweise wird Selbstkritik vielfach nur auf das Wort Kritik reduziert, was der Großteil von uns als etwas überaus Negatives empfindet.

Auch mich hat es früher enorm gestört, wenn jemand an mir „herumkritisiert" hat.

Irgendwann, als wieder jemand Kritik an mir übte, habe ich mir – als dieses ärgerliche Gefühl in mir drin wieder etwas zur Ruhe kam – einmal die Zeit genommen, über diese Kritik nachzudenken.

Hierzu gibt es zwei Zitate, die ich mit Dir teilen möchte:

„Wer Kritik übel nimmt, hat etwas zu verbergen."
Helmut Schmidt

„Wenn Du kritisiert wirst, dann musst Du irgendetwas richtig machen.
Denn man greift nur denjenigen an, der den Ball hat."
Bruce Lee

Diese beiden Zitate – von einem weltweit hoch angesehenen Politiker und einem ebenso hoch angesehenen Sportler – beinhalten all das, was an Positivem in Kritik verborgen ist.

Wenn Du Deinen Umgang mit Kritik betrachtest, dann wirst Du feststellen, dass in fast jeder Kritik – auch in der herabwürdigsten und gemeinsten – ein Körnchen Wahrheit stecken kann.

Es liegt an Dir, die an Dich gerichtete Kritik zu analysieren und dieses Körnchen Wahrheit zu finden.

Es wird Dir dabei helfen, Dich selbst zu verbessern.

Und an diesem Punkt komme ich nun wieder zurück zur Selbstkritik.

Wenn Du Dir die Zeit dafür nimmst, Deinen „Ist-Zustand" von Zeit zu Zeit zu betrachten und wenn nötig auch zu analysieren, dann kannst Du daran im wahrsten Sinne wachsen und Schritt für Schritt auf Deinen selbst definierten „Soll-Zustand" hinarbeiten.

Das können Situationen in der Familie, in Deiner Beziehung, Deinem Freundeskreis und in Deinem Job sein.

Betrachte Kritik nicht mehr als etwas Böses oder Schlechtes, sondern wandle es um in eine kritische Selbstbetrachtung und in positive Veränderungen.

So behältst Du die Kontrolle über Dich selbst und kannst bewusst ein gesundes und starkes Selbstbewusstsein entwickeln.
Du hast die Kontrolle darüber, mit Dir selbst im Reinen und zufrieden zu sein und Dir so nicht mehr selbst im Wege zu stehen.

In der Psychologie und auch in den mittlerweile zahllosen Angeboten im Bereich NLP (Neurolinguistisches Programmieren) sowie im Bereich Resilienz (Entwickeln von psychischer Widerstandskraft) spielt der Begriff Selbstwert heute eine entscheidende Rolle.
Ein geringer Selbstwert stellt in NLP- und Resilienz-Seminaren oft die Grundlage dar, auf der die Coaches aufbauen.
Wie in vielen Bereichen, sind leider auch NLP- und Resilienz-Coaches (in Deiner Stadt, aber auch im Internet) wie Pilze aus dem Boden geschossen und nicht jeder hat die Ausbildung, um solche Seminare durchführen zu können.
Sollten Dich solche Seminare einmal interessieren, dann mache Dir bitte die Mühe, vorher genau zu recherchieren.

Wenn Du beginnst, Dich mit dem großen Themenbereich Selbstliebe zu beschäftigen, findest Du unzählige Angebote an Literatur, Kursen und Coaches, die oft das Blaue vom Himmel versprechen, am Ende aber einzig und allein Geld machen wollen.
Natürlich wird nicht jede von Euch – die sich auf diesen Weg begibt – auch in der Lage sein, diesen Weg allein zu beschreiten.

Den Wunsch nach Veränderung und das Ziel, sich selbst lieben zu können, haben viele Frauen, aber einige von uns benötigen auf ihrem Weg eine professionelle Unterstützung.

Dagegen ist auch gar nichts zu sagen, aber ich lege Dir / Euch hier ans Herz, Euch – wenn Ihr das Gefühl habt, diesen Weg nicht allein gehen zu können – bitte an ausgebildete PsychotherapeutInnen und PsychologInnen zu wenden. Fallt bitte nicht auf die wohlklingenden, aber reißerisch vermarkteten und absolut überteuerten Angebote von irgendwelchen (selbst ernannten) Coaches herein. Es gibt leider zum Schutz der „Verbraucher" bis heute keine gesetzlichen Richtlinien und Vorgaben für diese Berufsgruppe.

Selbstliebe und Selbstwert sind eng miteinander verbunden.

Ich habe die folgenden Punkte in den letzten Jahren – und vor allem zu Beginn meiner Entwicklung – ganz bewusst in meinem Tagesablauf verankert.

Am Anfang ging das nur mit „Erinnerungszetteln", aber Du wirst – so wie ich – auch relativ schnell den Moment erreichen, wo Du automatisch daran denkst, was Selbstliebe und ein bewusster Selbstwert in Deinem Leben schon bewirkt haben.

- *Bewusst leben beinhaltet, dass* Dein Verstand jeden Tag aktiv bei Dir ist. Bemühe Dich immer, ganz bei Dir selbst zu sein, und erarbeite Dir die Fähigkeit, ganz bewusst und gezielt Tatschen, Emotionen und auch Interpretationen von Aussagen und Geschehnissen zu unterscheiden.

- *Selbstannahme* oder auch Selbstakzeptanz ist Deine Fähigkeit, all Deine positiven, aber auch Deine negativen Fähigkeiten zu erkennen und sie zu akzeptieren. Nehme sie an, denn sie machen Dich aus.
Liebe Dich so, wie Du bist, denn Du bist toll. Arbeite jeden Tag daran, Deine Gefühle und Deine Gedanken zu spüren und zu erkennen, denn sie sind die Grundlage für all Deine zukünftigen Entscheidungen und Pläne. Und denke bitte immer bewusst daran, dass Du Dich auf diesem Weg nicht selbst vergisst: Habe, wenn nötig, auch einmal Mitgefühl mit Dir selbst und gewöhne Dir zügig ab, Deine eigenen Handlungen zu verurteilen. Wenn Dir einmal etwas nicht gefällt, was Du getan hast, dann überlege, welches Motiv Dich dazu gebracht hat. Kennst Du Dein Motiv, kannst Du dort mit einer erneuten, bewussten Veränderung beginnen.

- *Selbstverantwortung* bedeutet ganz einfach, dass Du ganz allein für Dein Leben verantwortlich bist. Nur Du allein kannst Deine Lebensrichtung beeinflussen. Keine von uns ist in der Lage, das große Weltgeschehen in irgendeiner Art zu beeinflussen. Was wir aber können, ist, über unser eigenes Leben „nach bestem Wissen und Gewissen" zu bestimmen.

> Du – und nur Du allein – bist dafür verantwortlich, dass Deine Träume und Wünsche in Erfüllung gehen.
> Du – und nur Du allein – bist dafür verantwortlich, wie Du handelst und wie Du Dich entscheidest.
> Du – und nur Du allein – bist die Verwalterin Deiner Zeit.

- *Selbstbehauptung* ist nichts anderes, als sich von seinen inneren Werten, Überzeugungen und Gefühlen leiten zu lassen. Lass dabei nie Zweifel aufkommen.

> Stelle Dich Herausforderungen, sei offen für Neues!

- *Lebe zielgerichtet:* Zielgerichtet zu leben, ist nicht schwer, muss aber in der Anfangszeit immer sehr bewusst angegangen werden, bis es irgendwann zu einem Automatismus wird.

> Nimm Deine Gedanken und setze sie um!
> Setze Dir Ziele und arbeite zielgerichtet daran, sie zu erreichen!

Ein solch produktives und auf Ziele ausgerichtetes Leben benötigt ein gewisses Maß an Selbstdisziplin, um gerade am Anfang dieses Prozesses nicht vom Weg abzukommen.

> Vergiss dabei nie, dass bei Erreichen eines gesetzten Zieles ein richtiger Schub für Dein Selbstwertgefühl auf Dich wartet: Zielerreichung = ich bin stark = ich bin stolz auf mich!

- *Bleibe Dir selbst treu* – während Deines Entwicklungs- und Veränderungsprozesses ist es essenziell, dass Du Dir Deine Werte, Dein persönliches Verhalten und Deine Empathie erhältst. Wähle Deine Worte und Taten so, wie Du bist. Bleibe Deinen Idealen und Wertvorstellungen immer treu.

> Lass Dich nie durch die nörgelnden und ständig meckernden Menschen in Deinem Umfeld an Dir selbst zweifeln oder gar Deine Werte verlieren.

Nur du entscheidest, was du tust, und sagst, wann und wie. Solange du Deinen Versprechen Dir selbst gegenüber treu bleibst, bewahrst du dir deine eigene, ganz persönliche Integrität.

> Hast Du bisher oft „eine Maske getragen", dann werfe sie weg, denn Du wirst sie von heute an nicht mehr benötigen.
> Stehe zu Dir Selbst!
> Du bist gut, so wie Du bist, und hast dadurch eine wunderbare Basis, Dich selbst zu lieben.

Manch eine von Euch wird sich gerade denken: Wie soll ich denn das alles behalten?
Das ist aber alles kein Problem, da Du dieses Buch ja weiterhin zur Hand haben wirst. Im Kapitel Tipps & Übungen werde ich Dir auch hierzu mein Geheimnis verraten.

Steigere Deinen Selbstwert

Ein geringes Selbstwertgefühl ist wie eine Fahrt durch das Leben mit gezogener Handbremse.
Maxwell Maltz

Solange Du Dein Leben mit einem geringen oder so gut wie gar nicht vorhandenen Selbstwertgefühl lebst, hat dies nicht nur Auswirkungen auf Dich, sondern auch auf Dein Umfeld und ganz besonders auf Dein Kind.

Normalerweise bin ich kein Mensch, der viel über sich selbst erzählt. Ich bin mir aber auch dessen bewusst, dass meine Kindheit und Jugend dafür verantwortlich sind, dass ich dieses Buch schreiben kann.
Aus diesem Grund möchte ich Euch hier einen kurzen Einblick geben. Dieser Einblick wird Dir dabei helfen, das Thema noch besser zu verstehen, und zu erkennen, dass jede von Euch – ganz egal wie Eure Ausgangssituation auch ist – es schaffen kann, sich selbst zu lieben.

Außenstehende konnten sicherlich zu der Auffassung gelangen, dass wir eine Musterfamilie waren: zwei wohlerzogene und im Sport sehr erfolgreiche Töchter, die zudem auch in der Schule noch hervorragend waren und immer zu den Klassenbesten gehörten.
Es wusste aber niemand, was sich hinter verschlossenen Türen abspielte. Meine Schwester und ich wuchsen mit einer sehr dominanten Mutter auf. Es galt immer nur, was sie sagte und verlangte, und es war nicht so, dass sie sich nur uns Kindern gegenüber so verhielt, sondern auch unserem Vater gegenüber.
So wuchsen wir auf mit hohen Forderungen, ständiger – zum Teil vernichtender – Kritik, Druck durch überzogene Erwartungen und Strafen, wenn wir diesen nicht gerecht werden konnten.
Das Gefühl, geliebt zu werden oder sich einfach einmal ankuscheln zu können, haben wir nicht entwickeln können.

Kurz gesagt: Wir hatten als Kinder und Jugendliche überhaupt keine Chance, unseren Selbstwert zu erkennen, und schon gar nicht, uns selbst zu lieben.
Uns wurde immer vermittelt, dass wir nicht liebenswert sind und auch nichts wert sind, solange wir die an uns gestellten Erwartungen nicht erfüllen.

Nicht jede von uns, aber doch einige sind so aufgewachsen. Je nach Alter ist dies eine Generationen-Sache.

Aber ganz gleich, ob Du aus einem ständig fordernden Elternhaus mit viel zu hohen Erwartungen kommst, Dein Elternhaus Dir gegenüber gleichgültig war (Du hast schon früh für Dich selbst sorgen müssen, weil Deine Eltern es nicht taten) oder Du Deine Kinder- und Jugendzeit als glücklich und behütet empfindest: Jede von uns kann aus den unterschiedlichsten Gründen mit einem sehr geringen oder gar nicht vorhandenen Selbstwertgefühl durchs Leben gleiten.

In meinem Fall war mein ältester Sohn der wunderbare Antrieb in meinem Leben, etwas zu ändern.

Denn ich war aus dem beschriebenen Elternhaus nach dem Abitur für ein paar Jahre entflohen, um mich dann in einer fast schon destruktiven Ehe wiederzufinden. Bis ich dann eines Tages – wie aus einem Dämmerzustand erwacht – mit meinem sechs Monate jungen Sohn auf dem Arm im Garten saß und dachte: Stopp! So kann es nicht weitergehen. Ich halte hier ein kleines wunderbares Wesen auf dem Arm, das ich liebe und schützen möchte und muss.

Und so habe ich angefangen, an mir selbst zu arbeiten und mir Stück für Stück ein Leben zu erschaffen, das einzig meinen Söhnen und mir dienen sollte.
Ja, es kam noch der zweite Sohn, bevor ich soweit war, dass ich den Schritt aus dieser „Beziehung" herauswagte.
Ich habe damals vier Jahre gebraucht – ganz allein und zu Zeiten, als das Internet noch in den Kinderschuhen steckte und Büchereien zu diesem Thema absolut keine Literatur hatten –, um so viel Stärke, Mut und

innere Sicherheit zu entwickeln, dass ich mit meinen damals vier Jahre und ein Jahr jungen Söhnen ein eigenes Leben zu starten wagte.

Ich war zu diesem Zeitpunkt noch dabei, Babyschritte in Richtung Selbstachtung, Selbstliebe und Selbstwert zu machen. Abends habe ich oft dagesessen, den Tag reflektiert und mich gefragt, ob ich das Richtige gemacht habe.

Die Antwort war immer: ja. Ich habe die kleinen Selbstzweifel zugelassen, über sie nachgedacht, aber nie mehr über mein Leben bestimmen lassen.

Heute bin ich eine richtig stolze Mutter! Denn mir ist es wirklich gelungen, meine Söhne ganz anders aufwachsen zu lassen, als ich es gelernt hatte. Meine Söhne kennen Umarmungen und waren absolut süße Kuschelmonster, bis die Pubertät mit voller Macht zuschlug und mit Mama zu kuscheln gar nicht mehr cool war. Ich habe sie auf ihrem Weg begleitet, sie sanft gelenkt und dabei nie vergessen, sie dazu zu ermutigen, neue Dinge (Sport etc.) auszuprobieren. Sie mussten keine Einser-Schüler sein, aber ein gutes Zeugnis heimbringen, und wenn mal etwas nicht so richtig funktionierte, dann war ich die Nachhilfelehrerin für meine Söhne und habe ihnen das ein oder andere Thema einzig und allein durch eine andere Erklärungsweise nähergebracht.

Aus meinen Söhnen sind so wunderbare Männer geworden. Sie haben ihre ganz unterschiedlichen Karrieren, die sie ausfüllen.

Das, was mich aber am meisten freut, sind die Momente, wenn ich sie mit ihren Frauen (und auch im Umgang mit meinen zwei Enkeltöchtern) beobachten darf.

Beide Söhne behandeln ihre wunderbaren Partnerinnen mit Respekt und Liebe. Sie scheuen sich nicht, diese Liebe auch nach außen zu zeigen.

Beide unterstützen ihre Frauen, ganz gleich, ob es dabei um die Karriere geht oder um den Haushalt oder die Kinderversorgung mitten in der Nacht.
Für meine Söhne ist es ganz normal, einfach mit anzupacken, um Sachen gemeinsam zu erledigen, damit danach noch mehr Zeit zu zweit übrigbleibt.

Ich bin einfach stolz, dass ich das geschafft habe.

Jetzt aber zurück zum Thema.
Wenn du dich gerade fragst, warum ich so abgeschweift bin und dir einen Einblick in mein Leben gegeben habe, dann ist die Antwort ganz einfach: Solange du ein kleines, kaum sichtbares Selbstwertgefühl und Selbstbewusstsein hast, wirkt sich dies auch negativ auf dein Kind aus. Kinder übernehmen unbewusst das, was ihnen vorgelebt wird.
Wie du an meinem Beispiel sehen kannst, ist es nie zu spät, sich auf den Weg zu machen, und was ist eine bessere Motivation als das eigene Kind.

Die Mehrzahl an Problemen, die wir in unserem Leben haben, resultiert aus einem geringen Selbstwertgefühl.
Somit ist es eines deiner Ziele, ein gesundes und starkes Selbstwertgefühl zu entwickeln.

Ein geringes und schwaches Selbstwertgefühl ist wie eine Treppe nach unten:
Ganz unbewusst trägst du eine negative Ausstrahlung mit dir herum, die dir immer wieder negative Erlebnisse in allen Lebensbereichen beschert und dadurch deinen Selbstwert auch immer mehr absinken lässt.

Tipps & Übungen für dein Selbstwertgefühl

Kommen wir nun zu den Tipps und Übungen, die dir dabei helfen, die Treppe Schritt für Schritt wieder nach oben zu gehen.

Wie soll ich denn das alles behalten?

Wie bereits erwähnt, wird es gerade in der Anfangszeit nicht einfach sein, immer an all die folgenden Punkte zu denken.
Hierfür gibt es aber auch eine Lösung.
Du kannst dich z. B. mit kleinen Notizzetteln – die du in deiner Wohnung verteilst – immer wieder an die einzelnen Punkte erinnern.
Möchtest du dich erst einmal leise – und vielleicht im Geheimen – auf den Weg deiner Veränderung machen, dann kannst du dir auch ein schönes Buch zulegen (idealerweise im A5 Format, so kannst du es auch immer in deiner Tasche mitnehmen), indem du dir die einzelnen Punkte aufschreibst.

Schaue einfach jeden Morgen auf diese Tipps (natürlich auch immer, wenn dich eine Unsicherheit überkommt) und arbeite daran, sie umzusetzen.

1. Deine erste Übung besteht jetzt darin, zunächst einmal mindestens drei Sätze aufzuschreiben, die deine positiven Eigenschaften unter-streichen.

Z. B.

- o Ich bin eine Frau mit vielen positiven und guten Eigenschaften, die ich jedem zeigen kann.

- o Ich bin eine Frau mit einem liebenswerten Charakter.

- o Ich bin eine Frau, die an sich selbst glaubt.

- o Ich bin eine Frau, die Tag für Tag ein wenig selbstbewusster wird.

Starte deinen Tag, indem du dir jeden Morgen diese positiven Eigenschaften durchliest.

Wenn du während des Tages einen „schwachen Moment" hast, hilft es dir dann, diese Sätze noch einmal zu lesen.

2. Nach dem Aufstehen geht es ins Badezimmer, wo du meistens erst einmal in den Spiegel schaust.

Dich selbst im Spiegel zu betrachten – ganz bewusst –, ist nun Deine nächste Aufgabe:

Von nun an schaust Du am Morgen ganz bewusst in den Spiegel und konzentrierst Dich einzig und allein auf die positiven Dinge, die Du siehst.

- o Beginne als Erstes damit, dass Du Deine Schultern etwas zurücknimmst und so eine aufrechte und offene Körperhaltung einnimmst.

- o Betrachte Dich jetzt genau und konzentriere Dich einzig und allein auf das, was Dir selbst an Dir gefällt.

- o Wenn Du Fältchen siehst, dann ist das völlig okay, denn Du hast schon ein paar Jahre gelebt und Fältchen gehören zu Dir und Deinem Leben irgendwann dazu. Sie sind ein Zeichen für Deine Reife und Lebenserfahrung.

Wenn Du z. B. Deine Brüste nicht mehr anschauen magst, weil sie nicht mehr so wohlgeformt und voll sind wie in jungen Jahren, dann denke auch daran, dass diese Brüste Deine Kinder ernährt haben und eine wunderbare und sinnvolle Aufgabe erfüllt haben. Denke an die Gefühle, die Du beim Stillen empfunden hast – die Liebe und Fürsorge –, die einen großen Teil Deiner Persönlichkeit ausmachen.

3. Bevor Dein Tag dann praktisch schon an der Türe des Badezimmers klopft, machst Du die folgende Übung:

Lächle Dich im Spiegel an!

Ganz egal, wie Du Dich fühlst, und ganz egal, wie komisch Du dies am Anfang empfinden magst, und ganz egal, wie gequält dieses Lächeln am Anfang auch sein mag: Lächle Dich an!

- Dein Ziel wird es sein, Dich ca. eine Minute lang im Spiegel anzulächeln.

- Warum eine Minute? Nach ca. einer Minute lächeln wird Dein Gehirn damit beginnen, die so wichtigen Glückshormone abzugeben.

- Du wirst Dich ganz einfach gut fühlen und Deinen Tag – so stressig er auch sein wird – auf jeden Fall mit einem guten Gefühl starten.

<u>Tipp für zwischendurch</u>: Wenn Du im Laufe Deines Tages an einen Punkt kommst, wo Dir alles zu viel oder zu stressig wird, dann kann es Dir oft helfen, wenn Du diese Übung wiederholst.

4. Bei der nächsten Übung wirst Du Dir vielleicht denken: Dafür habe ich morgens doch gar keine Zeit.

Vielleicht musst Du Deine Schlafenszeit um fünf oder zehn Minuten verkürzen, aber diese Übung hilft Dir dabei, mit einem guten Körpergefühl in den Tag zu starten.

Ein wenig Morgenfitness wirkt nämlich Wunder.

Starte Deinen Tag mit einer kleinen Übung, die nicht mehr als fünf bis zehn Minuten Deiner Zeit in Anspruch nimmt. Hierzu bieten sich ein paar einfache Übungen an, die Du gut in Deinem Schlafzimmer durchführen kannst.

- Sit Ups oder Liegestütze.

- Dehnen und strecken – also ein paar einfache Gymnastikübungen.

- Wenn Du ein Yoga-Fan bist, dann mach am Morgen doch eine Yogaübung. Der Sonnengruß bietet sich hierfür hervorragend an.

5. Da es ja immer noch um Deine Selbstliebe geht, ist es auch wichtig, dass Du den Tag über auch immer noch an Dich und Deine klei-nen „Mini-Ich-Zeiten" denkst.

Das fängt schon am Morgen an, wenn Du vielleicht Dein Lieblingslied abspielst, während Du das Frühstück zubereitest oder aber Du setzt Dich mit Deinem Morgenkaffee einfach für ein paar Minuten ganz entspannt nach draußen und atmest die frische Luft ein.

6. Während des Tages gibt es für Dich dann weitere Dinge, auf die Du aus Selbstliebe nun verstärkt ein Augenmerk hast.

Bereite Dir ausgewogene und gesunde Mahlzeiten zu und vergiss dabei auch nicht den Snack oder die Mahlzeit, die Du Dir mit zur Arbeit nimmst. Anstelle von Keksen oder Schokolade kannst Du z. B. frisches Obst der Saison genießen.

Gewöhne Dir an, das Haus nicht ohne eine gefüllte Trinkflasche zu verlassen. Wenn Du mindestens zwei Liter Wasser am Tag trinkst, wirst Du merken, wie sich mit der Zeit Dein Körpergefühl positiv verändert.

Verzichte bitte auf zuckerhaltige Getränke. Wenn Du ein-mal Lust auf z. B. einen Eistee verspürst, dann greife ein-fach zu der zuckerfreien Variante, die mittlerweile schon von vielen Herstellern angeboten wird.

Apropos Zucker: Gehe von nun an ganz bewusst einkaufen und wähle die Lebensmittel aus, die möglichst natürlich gehalten sind und ohne die hohen Mengen an zugesetztem Zucker auskommen.

Wenn Du Zucker und auch Weißmehl in Deinem Leben reduzierst und auf ein Minimum zurückfährst, dann wird sich Dein Körper mit mehr Energie bei Dir bedanken.

Mittlerweile gibt es so viele wunderbare Brotsorten, die mit Dinkelmehl, Buchweizen etc. hergestellt werden, dass der Verzicht auf Weißmehl leichtfallen wird.

Auch jedes Kuchenrezept lässt sich genauso gut mit Dinkelmehl umsetzen.

Ein weiterer wichtiger Faktor bei der Selbstpflege ist der Schlaf. Ausreichender Schlaf ist essenziell, und es empfiehlt sich, die Schlafzeiten jede Nacht gleich zu halten. Überlege Dir, wann Du aufstehen musst, und rechne mindestens acht Stunden zurück.

<u>Tipp</u>: Wenn ich Einschlafprobleme habe, weil ich noch zu aufgedreht bin oder mein Kopf einfach nicht mit dem Denken und dem Wälzen von Problemen aufhören kann, dann lese ich ein wenig in meinem E-Reader. Vermeide zum Einschlafen schwere Literatur. Es darf etwas

Seichtes sein, damit Dein Gehirn entspannen und in den Schlaf finden kann.

Für mich persönlich ist die Körperpflege ein weiterer wichtiger Punkt bei der Selbstliebe. Die meisten von uns verwenden jahrelang die gleichen Duschgels und Shampoos, ohne groß darüber nachzudenken.

Eine Dusche soll nicht immer schnell oder zwischendurch stattfinden. Die Zeit unter der Dusche ist von jetzt an eine kleine persönliche Auszeit für Dich. Schließe die Badezimmertüre ab, damit Du diese Minuten auch ungestört genießen kannst.

Wenn Du nun noch ein neues, wohlriechendes Duschgel und ein anderes Shampoo verwendest und Dir vielleicht einen Peeling-Handschuh gegönnt hast, dann mache die Dusche zu einem Moment, der ausschließlich der Pflege Deines Körpers und somit auch Deiner Seele gehört.

Plane in Zukunft ganz bewusst solche kleinen Pflegemomente in Deinen Tag ein. Sobald Du bewusst merkst, wie gut Dir solche Momente tun, wirst Du sie in Deinem Leben nicht mehr missen wollen.

7. Für diese Übung schicke ich Dich jetzt erst einmal in ein Schreibwarengeschäft, wo Du Dir in der Größe A2 einen Papierkarton in Deiner Lieblingsfarbe kaufst.

Die Farbe sollte nicht zu dunkel sein, da Du dieses „Plakat" zu Hause noch mit „Stärke!" füllen wirst.

Du kannst dort auch gleich noch ein paar bunte und nicht zu dünne Faserstifte einkaufen.

Aus eigener Erfahrung empfehle ich Dir, für die Gestaltung Zeit einzuplanen, in der Du allein zu Hause bist. So kannst Du Dich ungestört, ganz entspannt und in aller Ruhe der Gestaltung widmen.

In die Mitte des Plakates klebst Du zuallererst ein Foto von Dir selbst.

Ich weiß, dass viele Frauen Probleme haben, wenn es um Fotos von ihnen selbst geht. Such Dir ein Foto aus, dass Du gerne anschaust. Wenn Du keins findest, dann mache ein paar Selfies und wähle das Foto aus, dass Dir am besten gefällt.

Ein Foto, das Du magst, ist deshalb so wichtig, weil dieses Plakat eine ganze Weile lang Dein täglicher Begleiter sein wird und Du mögen sollst, was Du anschaust.

So, das Foto ist jetzt in der Mitte des Plakates, und nun geht es an die eigentliche Übung.

Deine Aufgabe ist es, jetzt ausschließlich Deine Stärken aufzuschreiben. Diese beinhalten Deine Fähigkeiten und Talente.

- o Sei kreativ, verwende verschiedene Farben.
- o Lass Dich dabei einfach von Deinem Gefühl leiten, zu welcher Farbe Du bei welcher Stärke greifst.

Wenn Du an einem Punkt nicht weiterkommst, dann kannst Du auch Deine Freunde fragen, welche Stärken, Fähigkeiten und Talente sie bei Dir wahrnehmen.

Dieses „starke" Plakat bekommt in Deiner Wohnung nun einen Platz, wo Du es jeden Tag sehen wirst.

Nicht nur sehen natürlich, sondern Du wirst von nun an jedes Mal, wenn Du an Deinem „starken Plakat" vorbeigehst, kurz stehen bleiben und Dir die Worte durchlesen.

Auf diese Weise erinnerst Du Dich täglich mehrmals daran, was Du schon für eine starke und talentierte Frau bist.

Das wird Deine Motivation für alle weiteren Schritte unterstützen und Dir auch ganz unterschwellig ein sich langsam stärkendes Selbstbewusstsein bescheren.

8. Ein für mich wichtiger Punktpunkt bei all diesen Übungen, aber auch generell, ist die Angst.

Irgendwie haben wir Menschen die Veranlagung, durch übermäßiges Grübeln und Nachdenken den Fokus zu verlieren und ängstlich zu werden.

Das führt oft dazu, dass wir Dinge und Aufgaben – auf die wir uns oft auch richtig freuen – auf einmal geradezu kaputt analysieren. Bevor wir anfangen, etwas zu tun, beginnen die Gedanken in unseren Köpfen zu schwirren: „Was wäre, wenn…?", „Was könnte schiefgehen?" usw.

Wenn Du zu viel grübelst und somit der Angst zu viel Raum gibst, dann hat dies immer eine negative Auswirkung auf Dein Selbstvertrauen und Du bleibst in diesem Kreislauf aus Versagensängsten und dem Gedanken, nicht gut genug für irgendetwas zu sein – also in einem Leben ohne wirkliche Erfolgserlebnisse und daraus resultierenden Glücksgefühlen –, gefangen.

Hier wird eine einfache Übung helfen, wie Du diese Ängste nach und nach besiegen kannst.

- Stelle Dir von nun an jeden Tag – am besten morgens – die Frage, welche Deiner Aufgaben Dir an diesem Tag die meiste Angst machen und Dir am unangenehmsten sind.

- Diese Aufgaben wirst Du von nun an immer zuallererst erledigen.

- Stelle Dich der Aufgabe und mache erst weiter, wenn Du diese Aufgabe auch zu Deiner Zufriedenheit erledigt hast.

Mit Sicherheit wird Dir dies am Anfang etwas schwerfallen, aber mit Übungen und dadurch, dass Du wirklich an dieser Angst und den Aufgaben arbeitest, wird es Dir mit der Zeit immer leichter fallen.

Aus eigener Erfahrung weißt Du ja, dass es nicht hilfreich ist, solche Aufgaben und die damit verbundene Angst vor Dir herzuschieben. Dadurch wird sie jedoch immer größer und türmt sich wie eine Wand vor Dir auf. Diese dann einzureißen, ist fast unmöglich.

Also stelle dich jeden Tag den angsteinflößenden Aufgaben zuerst, und dann wird der Rest des Tages umso schöner.

9. Dir ist sicherlich auch schon einmal aufgefallen, dass sich die meisten Menschen gar nicht mehr in die Augen schauen können.

Das hat vor allem damit zu tun, dass heutzutage sehr viele Menschen eine große Unsicherheit in sich tragen.

Diese Übung ist relativ einfach, auch wenn es die ein oder andere von Euch am Anfang etwas Überwindung kosten mag.

Wenn Du unterwegs bist, ganz egal, ob beim Bummeln, im Supermarkt, bei einem Spaziergang, bei Gesprächen mit Deinen Freunden und Bekannten oder auf der Arbeitsstelle: Schaue den Menschen von nun an bewusst in die Augen.

Wenn Deine Lippen dabei noch ein kleines Lächeln umspielt, umso besser.

Du wirst erstaunt sein, wie unterschiedlich die Menschen darauf reagieren.

Die meisten Menschen werden einen erstaunten Gesichtsausdruck bekommen, andere wiederum werden automatisch und unbewusst zurücklächeln und auch Dir in die Augen schauen.

Verinnerliche diese Aufgabe, sodass sie zu etwas Automatischem wird.

Du wirst feststellen, wie gut es Dir tut, wenn Dich auch ein wildfremder Mensch wahrnimmt und zurücklächelt.

10. Halte jetzt einmal kurz inne und denke einmal darüber nach, wie viele, immer gleiche Gewohnheiten Dich durch Deinen Tag begleiten?

Gewohnheiten bieten gerade unsicheren Menschen eine gewisse Sicherheit, die aber trügerisch ist.

Hältst Du nämlich über Jahre an immer den gleichen Gewohnheiten fest, bist Du festgefahren und auch Dein Selbstvertrauen und Selbstbewusstsein leiden darunter.

Diese Übung soll dich nun aus deiner Komfortzone und vielleicht auch Langeweile herausholen und dadurch Dein Selbstvertrauen aufbauen.

- o Mache dir eine Liste von Dingen, die du schon immer einmal ausprobieren wolltest.

Hierbei spielt es keine Rolle, um was es sich handelt. Es kann eine Sportart sein oder ein Gericht, das du immer schon einmal kochen wolltest. Hast du schon einmal darüber nachgedacht, im Sommer in einem See schwimmen zu gehen? Fährst du gerne nach Italien in Urlaub und möchtest wenigstens einige wenige Sätze Italienisch lernen etc.?

Jetzt ist genau der richtige Zeitpunkt, mit diesen Dingen anzufangen und sie anzugehen.

Im Englischen wird gerne von einer „Bucket List" gesprochen.

Darunter versteht man eine Liste von all den kleinen und großen Dingen, die man in seinem Leben umsetzen möchte.

- o Schreibe Dir Deine eigene Bucket List und beginne schon heute, die ersten Dinge umzusetzen. Du musst Dich dabei nicht an eine Reihenfolge halten. Beginne einfach mit dem, was Du jetzt gerade verwirklichen kannst.

Wenn Du etwas geschafft hast, kannst Du es auf der Liste durchstreichen oder farblich markieren.

So hast Du Deinen persönlichen Erfolg immer vor Augen.

Glaube mir, es ist ein tolles Gefühl.

Der weitere Vorteil deiner „Bucket List" besteht darin, dass du jederzeit eine neue Aufgabe, ein neues Ziel hinzufügen kannst. Auf diese Weise wird dir in Zukunft nicht langweilig, weil du immer wieder neue und spannende Aufgaben hast, die du für dich „erledigen" kannst und die dein Selbstvertrauen stärken.

Viel Spaß dabei.

11. Habe keine Angst mehr davor, Fehler zu machen!

Fehler zu machen, ist etwas ganz Normales und ganz Menschliches.

Diese Angst vor Deinen eigenen Fehlern ist nicht nur unbegründet, sondern lässt Dich auch immer „kleiner" werden, da Dein Selbstvertrauen davon betroffen ist.

Das ständige Streben nach Perfektion, das in unserer heutigen Gesellschaft fast schon an jeder Ecke vermittelt wird, erhebt auch den Anspruch, dass jeder Mensch makellos und ohne Fehler zu sein hat.

Perfektion legt die Messlatte aber so hoch, dass niemand je sie zu überspringen vermag.

Es ist auch gar nicht nötig.

Solange Du an Dir und Deinen Zielen arbeitest, solange Du Dir auch Fehler zugestehst und nie aufgibst, Deine persönlichen Ziele zu erreichen und an Dir selbst zu arbeiten, ist alles wunderbar.

Bei dieser Übung geht es jetzt darum, dass Du Deine Einstellung zu Deinen Fehlern veränderst.

- o Wenn Dir mal wieder ein Fehler unterläuft, dann denkst Du von nun an bitte daran, dass Du durch diesen Fehler etwas gelernt hast, was Dir von nun an nicht mehr passieren wird oder was Du in Zukunft vermeiden kannst.

- o Der Gedanke „Oh je, warum ist mir das jetzt wieder passiert, warum geht bei mir immer alles schief?" ist von nun an nicht mehr Dein ständiger Begleiter.

- o Wenn Du z. B. morgens in aller Eile aus dem Haus gehst und mittags bemerkst, dass Du zwei unterschiedliche Socken angezogen hast, dann lache darüber. Solche Sachen passieren einfach und sind überhaupt nicht schlimm. Ganz egal, ob es jemandem in Deiner Umgebung auffällt oder nicht.

Je besser Du Deine Fehler akzeptierst und je leichter Du mit ihnen umgehst, desto wohler wirst Du Dich fühlen.

Lerne aus Deinen Fehlern und habe keine Angst mehr vor ihnen.

12. Als Ergänzung zu der schon erwähnten Bucket List – die ja keine Zeiteinteilung beinhaltet – kannst Du gerade in der Anfangszeit (und nach Bedarf auch weit darüber hinaus) mit einer täglichen Aufgabenliste arbeiten.

Entweder am Vorabend oder am Morgen eines Tages machst Du Dir eine Liste all der Dinge und Aufgaben, die für diesen Tag an-stehen.

- Sobald Du eine dieser Aufgaben erledigt hast, streichst Du sie mit einem farbigen Stift durch.

- Wenn Du dann am Abend zur Ruhe gekommen bist, dann schaust Du Dir diese Liste an und wirst feststellen, wie viel Du an diesem Tag geschafft hast.

Das gibt Dir ein richtig gutes Gefühl und einen Schub für Dein Selbstbewusstsein – und das jeden Abend.

Auch an Tagen, an denen Du das Gefühl hast, so gut wie gar nichts geschafft zu haben, wirst Du erstaunt sein, wie viel Du doch erledigt hast.

Sei stolz auf Dich!

13. Diese und die nächsten Übungen beschäftigen sich nun mit Deinem Körper. Dein Körper kann durch verschiedene und gar nicht so schwere Übungen dazu beitragen, dass Dein Selbstbewusstsein Schritt für Schritt gestärkt und auch von außen wahrgenommen wird.

Wie gehst Du durchs Leben?

Bist Du eine Frau, die sich langsam und energielos bewegt, die kaum ihre Füße von der Erde bekommt, oder bist Du eine Person, die … etc.?

Deine Aufgabe ist es nun, Schritt für Schritt Dein Gehen zu verbessern.

Es geht hier nicht darum, dass Du eine Sportskanone wirst, sondern um Deine körperliche Ausstrahlung.

- Achte von heute an darauf, wie Du durch Deinen Tag gehst.

- Lege Dir eine aufrechte Körperhaltung zu, indem Du Deinen Rücken gerade hältst und Deine Schultern ein wenig nach hinten nimmst. Du wirst sofort größer und auch dynamischer wirken.

- Dein Körper strahlt aus, dass Du stolz auf Dich bist.

- Die „Bummler" und „Langsamgeher" unter Euch sollten ihr Geh-Tempo vielleicht um ca. 25 % erhöhen.

- Gehörst Du zu den hektischen, nervösen Menschen, die schnell unterwegs sind, bietet es sich an, etwas Ruhe in das Geh-Tempo zu bringen. Denke aber immer daran, nicht zu langsam zu werden und eine aufrechte Körperhaltung beizubehalten.

- Auch Deine Stimme hat einen großen Anteil an Deinem Selbstbewusstsein.

Aus eigener Erfahrung weiß ich, dass Stimmen, die leise und zurückhaltend sind, nur äußerst selten auch richtig wahrgenommen und gehört werden.

So kann es in Deinem Leben bisher oft der Fall gewesen sein, dass Du etwas richtig Gutes zu einem Thema beizutragen hattest, man Dich im wahrsten Sinne des Wortes aber gar nicht gehört hat.

Ab heute wird auch Deine Stimme eine bedeutende Rolle in Deinem Leben spielen.

Beobachte Dich zunächst einmal selbst, wie Du Dich in den unterschiedlichen Situationen Deines Lebens mit Deiner Stimme bemerkbar machst.

Wenn Du in einem Gespräch nicht wahrgenommen und beachtet wirst, dann sprich den gleichen Satz noch einmal, diesmal aber mit einer etwas lauteren Stimme.

Viele von Euch werden jetzt denken, oh je, was ist, wenn ich dann auf einmal zu laut spreche und mich jeder nur anstarrt?

Auch das ist kein Problem, denn Du hast zu Hause ja einen Spie-gel und kannst Dich davor zunächst mit Deiner eigenen Stimme und einer anderen Lautstärke vertraut machen.

Bei dieser Übung kommen auch noch andere Aspekte der Körperhaltung hinzu, die Du gleich mit üben und auch trainieren kannst.

- Stelle Dich vor Deinen Spiegel.
- Schaue Dir selbst in die Augen.
- Lächle Dich an.
- Deine Körperhaltung ist gestreckt und die Schultern sind etwas nach hinten gezogen.

- o Jetzt beginnst Du, in Deiner ganz normalen Stimme zu Dir selbst zu sprechen.

- o Nach und nach sprichst Du diesen Satz jetzt immer ein wenig lauter aus, bis Du zu einer Stimmstärke kommst, die Dir angenehm, aber nicht zu laut ist.

Schau Dir während dieser Übung die ganze Zeit in die Augen und behalte Deine Körperhaltung bei.

So wirst Du auch mit eigenen Augen sehen können, wie eine lautere Aussprache Deine neue Körperhaltung und Deinen neu gewonnen Selbstwert unterstützt.

Achte aber bitte auch darauf, dass Deine Stimme nicht zu laut wird. Mit ein wenig Übung wirst Du Deine persönliche Stimmlage herausfinden und sie wird Teil Deines neuen Ichs.

Dann gibt es noch ein paar kleine Dinge, die man jeden Tag absolut unterbewusst macht, die man aber durch bewusstes Steuern positiv für sich einsetzen kann.

Auch wenn gerade in Corona-Zeiten der Händedruck zur Begrüßung so gut wie aus unserem Leben verbannt ist, gebe ich persönlich die Hoffnung nicht auf, dass wir uns eines Tages wieder so begrüßen dürfen.

Denn ein Händedruck sagt z. B. eine ganze Menge über das jeweilige Gegenüber aus.

Ein sanfter, lascher Händedruck lässt mich sofort spüren, dass eine unsichere und wenig dynamische Person vor mir steht.

Ein zu starker Händedruck, der vielleicht auch wehtut, ist für mich ein Zeichen für einen Menschen, der alles bestimmen und entscheiden will und wenig Toleranz im Umgang mit Menschen hat, die seinen Anweisungen nicht ohne Nachfrage folgen.

Die Kunst ist es also, dass Du Deinen persönlichen Händedruck entwickelst. Dies kannst Du wunderbar mit Deinem Partner oder einer Freundin üben.

Der ideale Händedruck für eine selbstbewusste Frau ist fest und dadurch angenehm.

Übe mit Deinem Partner verschiedene Händedruck-Stärken.

Schaue Deinem Trainingspartner bei der Begrüßung mit dem Händedruck in die Augen und füge dann auch noch die verbale Begrüßung, mit Deiner neuen, lauteren und sicheren Stimme, hinzu.

- NEIN

Nein sagen zu lernen, war für mich die schwierigste Aufgabe.

Dies hatte aber auch damit zu tun, dass ich durch meine unbewusste Ausstrahlung allen Menschen in meinem Umfeld irgendwie signalisierte, dass sie bei Problemen und wenn sie Hilfe brauchen zu mir kommen können.

Und ich habe dann auch immer geholfen, ganz einfach, weil ich es konnte. Für einen Menschen wie mich ist es sehr schwer, aus diesem Helfermodus herauszukommen.

Das setzt einen bewussten Umgang mit Dir selbst voraus.

Es lässt sich am besten so erklären:

Wenn sich wieder jemand mit einer Bitte oder einem Problem an Dich wendet, dann nimm Dir von nun an ein wenig Zeit für Deine Antwort.

Stelle Deine Ampel erst einmal auf Rot.

Dann begibst Du Dich in die Gelb-Phase und denkst zunächst über die Frage nach. Hast Du Zeit und auch Lust, jetzt dieses Problem zu lösen oder die Bitte zu erfüllen? Ist meine Hilfe wirklich nötig, oder werde ich ausgenutzt, weil ich ja immer nur ja sage?

Wenn Du auch nur den geringsten Zweifel hast, dann sage nun zum ersten Mal NEIN!

Dein Gegenüber wird mit Sicherheit geschockt sein und es wird auch abfällige und beleidigende Aussage geben und Du wirst oft auf egoistisches Unverständnis treffen.

Wenn Du Dich schon jetzt darauf einstellst, wird es Dich nicht so hart treffen.

Denn das Ganze hat auch einen enormen Vorteil. Wenn Du standhaft bleibst und in Deinem Nein-Sagen immer sicherer wirst, dann wirst Du sehr schnell herausfinden, welche Menschen wirklich in Dein Leben gehören und welche Dir nur Energie und Zeit rauben und sich ansonsten gar nicht wirklich für Dich interessieren.

Übe also in kleinen Schritten, um ganz bewusst gewisse Grenzen in Deinem Leben aufzubauen.

Du bist jetzt in einer Phase Deines Lebens, wo es um Dich, Deine Liebe zu Dir selbst, Deinen Selbstwert, Dein Selbstvertrauen und Dein Selbstbewusstsein geht. Es ist Deine Zeit!

- Selbstkritik – Nein Danke

Jede von uns kennt diese ständig nörgelnde und ständig kritisierende innere Stimme, die penetrant an unserem Selbstwertgefühl nagt.

Wo auch immer es herkommen mag, wir Menschen neigen dazu, uns selbst sehr wenig zuzutrauen.

Das sind dann Gedanken wie „Das schaffe ich doch nicht", „Das traue ich mir nicht zu", „Ich kann nicht in eine Kletterhalle gehen, weil ich zu dick bin, um die Wand hochzuklettern" etc.

Wenn Du Dir dieser Stimme oder der Gedanken bewusst bist, dann kannst Du auch gezielt etwas daran ändern.

Lass diese ständig kritisierenden und Dich runterziehenden Gedanken in Deinem Kopf langsam, aber stetig immer leiser werden.

Je öfter und intensiver Du das übst, desto schneller wirst Du fest-stellen, dass Gedanken ganz von allein aufhören, weil Du ihnen den Nährboden entzogen hast.

- Glück

Zum Schluss dieser Übungen möchte ich Dir noch eine Art Tagebuch ans Herz legen.

Dieses Tagebuch wird mit Datum jeden Tag (am Abend) mit drei Dingen gefüllt, die Dir an diesem Tag richtig gut gelungen sind, auf die Du stolz bist.

Es sind Deine täglichen Erfolgserlebnisse!

Sie als Tagebuch aufzuschreiben, ist deshalb sinnvoll, weil Du auch an Tagen, an denen Du vielleicht einmal zweifelst, in diesem Buch blättern und all Deine bisherigen Erfolge noch einmal nachlesen kannst. So bekommst Du wieder neue Motivation und wirst auch am Ende eines nicht so idealen Tages in der Lage sein, drei erfolg-reiche Dinge aufzuschreiben.

Wie Du bei all diesen Übungen zur Stärkung des Selbstwertgefühls vielleicht bemerkt hast:

Es liegt an Dir, mit den ersten Übungen zu beginnen und Dich dadurch Schritt für Schritt besser, stärker und selbstbewusster zu fühlen.

Das Ganze ist ein Prozess und jede von Euch wird unterschiedlich lange Zeit brauchen, um diese Übungen zu verinnerlichen.

Übe jeden Tag, denn nur so wirst Du auch jeden Tag Fortschritte machen, und vielleicht kannst Du in einem Jahr stolz sagen, dass Dein Selbstwertgefühl jetzt genauso ist, wie Du es Dir gewünscht hast.

Tipp:

Für die ein oder andere von Euch bietet es sich vielleicht auch an, sich eine Art Kalenderblatt für jeden Monat anzulegen.

In der linken Spalte schreibt Ihr untereinander die Kurznamen für die einzelnen Übungen und in der oberen Reihe nach rechts die Tage von 1 bis 30 oder 31.

So könnt Ihr jeden Tag ein Kreuzchen oder einen Kreis bei den Übungen machen, die Ihr trainiert habt.

Auf diese Weise behaltet Ihr den Überblick. Außerdem unterstützt Ihr damit auch Eure Motivation, jeden Tag aufs Neue zu üben.

Selbstliebe und Selbstakzeptanz

Sich selbst zu akzeptieren, fällt den meisten Menschen schwer. Selbstakzeptanz ist aber ein ganz wichtiger Faktor bei der Entwicklung der eigenen Selbstliebe.

Zunächst möchte ich aber ein wenig darauf eingehen, warum Selbstakzeptanz so oft falsch verstanden wird.

In vielen Sprüchen, die wir im Internet zum Thema Selbstakzeptanz finden, scheint es hauptsächlich darum zu gehen, wie großartig und besonders wir uns selbst finden.

In Wirklichkeit ist aber nun einmal nicht alles an uns toll und super.

Bei Selbstakzeptanz geht es einfach darum, das zu akzeptieren und anzunehmen, was und wie wir jetzt sind.
Selbstakzeptanz ist der Ist-Zustand, in dem wir uns in genau diesem Moment befinden.
Hierbei spielt es keine Rolle, ob Du Dich selbst jetzt gerade magst, ob Deine Figur ideal ist, ob Du mit Deiner Persönlichkeit zufrieden bist etc.

Solange Du Dich innerlich gegen Dich selbst sträubst, hast Du keine Grundlage, etwas zu verändern und Dich selbst lieben zu können.

Aus diesem Grund ist es auch so wichtig, dass am Anfang Deines Weges zu Dir selbst die Selbstannahme / Selbstakzeptanz steht.
Nehme Dich ganz bewusst wahr und akzeptiere Dich, so wie Du jetzt gerade bist!

Hierbei können Dir diese drei Übungen hervorragend helfen:

1) Mache es Dir mit einem Kaffee oder Tee gemütlich und schreibe in Dein Buch, was Du gerade jetzt an Dir nicht so besonders magst oder auch ablehnst.

Dieser Prozess wird nicht einfach sein, da Du Dich ganz bewusst mit Dir selbst beschäftigen und alle bewussten und auch unbewussten Dinge zu Dir selbst zusammentragen sollst.

Aber gerade diese Phase ist ganz besonders wichtig, für alles, was auf Deinem Weg noch vor Dir liegt.

Sei absolut ehrlich mit Dir selbst und lass Dich auch nicht von irgendwelchen Ausreden von diesem Schritt abbringen.

Erst wenn Du alles aufgeschrieben vor Dir siehst, kannst Du Deinen momentanen Ist-Zustand auch richtig verstehen.

Nur so schaffst Du eine Grundlage, mit Deiner Selbstakzeptanz zu beginnen.

2) Du kannst richtig stolz auf Dich sein, dass Du Dich mit Punkt 1 so hervorragend auseinandergesetzt hast!

In dieser Übung beschäftigst Du Dich jetzt damit, diese aufgeschriebenen Punkte noch einmal anzuschauen und sie zu selektieren.

- Zuerst streichst Du jetzt all die Dinge wieder durch, die nicht veränderbar sind. Das ist z. B. Deine Körpergröße etc.
- Danach beschäftigst Du Dich mit den Dingen, die Du zwar unter gewissen Voraussetzungen ändern könntest, aber gar nicht ändern möchtest. Das wäre z. B., die Größe Deiner Brüste zu verändern etc.

- Und im dritten Schritt schaust Du auf die Punkte, die noch übrig sind, und streichst diejenigen weg, die Dir auf einmal weniger wichtig oder lächerlich erscheinen.

Zum Schluss bleiben Dir dann nur noch die Punkte übrig, die Du verändern kannst und willst.
Das sind die Punkte, auf die Du Dich jetzt konzentrierst.
Alles, was durchgestrichen wurde, spielt ab jetzt keine Rolle mehr.

Ab hier kannst Du mit Deiner positiven Veränderung beginnen.

3) Zeichne Dir auf einem Blatt zwei Spalten ein.
In der ersten Spalte listest Du all die Dinge auf, die Du an Dir verändern möchtest, und in die zweite Spalte schreibst Du hinein, wie Du dieses Ziel erreichen wirst.

Bsp.:

Ziel	Was ich dafür tue
Mein Gewicht um 10 kg reduzieren	Zucker und Weißmehl streichen
	Mind. zwei Liter Wasser trinken
	Naturbelassene Lebensmittel verwenden
	Kohlenhydrate reduzieren
	Mehr Proteine zu mir nehmen
Ich werde selbstbewusster	Aufrechte Körperhaltung
	Lautere Stimme
	Fester Händedruck
	Anderen Menschen in die Augen schauen
	Öfters lächeln

Jetzt hast Du Deine persönliche Grundlage, um Deine Vorhaben und Ziele umzusetzen.

Beginne sofort damit, etwas zu verändern und so durch ein erstes Erfolgserlebnis auch einen ersten Motivationsschub für all die anderen, noch vor Dir liegenden Schritte mitzunehmen.

Da es mir in der Vergangenheit das ein oder andere Mal passiert ist, dass jemand die erste Liste – also die Bestandsaufnahme – wieder herausgeholt und sich immer wieder angeschaut hat, empfehle ich Dir, wenn Du Dir Deine Ziele- und Aufgabenliste erstellt hast, die erste Liste in ganz kleine Fetzen zu zerreißen oder zu verbrennen.

Du brauchst sie nie mehr, denn Du weißt nun, worauf es ankommt.

Tipp:
Es gibt auch Frauen unter uns, die sich unendlich schwer damit tun, gewisse unveränderliche Sachen in ihrem Leben zu akzeptieren.
Ich könnte jetzt – so wie manch ein Coach diese Situation handhabt – einfach sagen: Entweder Du machst jetzt diesen Schritt und akzeptierst Dich oder Du hast gar keine Chance.

Das empfinde ich als brüsk und ablehnend.
Persönliche Veränderung ist ein herausfordernder und schwieriger Weg, und jeder Mensch ist individuell so unterschiedlich, dass man einfach nicht alle gleich behandeln und einschätzen darf.

Auch wenn Du zu den Menschen gehörst, die sich mit einigen Punkten bei ihrer persönlichen Selbstakzeptanz schwertun, kannst Du diesen Umstand immer noch akzeptieren.
Es ist dann praktisch die Selbstakzeptanz des Nicht-akzeptieren-Könnens.

Für diese Menschen wird das Leben aber leider auch weiterhin voll mit Selbstzweifeln, Selbstmitleid und gar Selbstverachtung sein und somit nie glücklich sein können.

Auch das muss man akzeptieren können.

Wie Du Deinen inneren Kritiker loswerden kannst

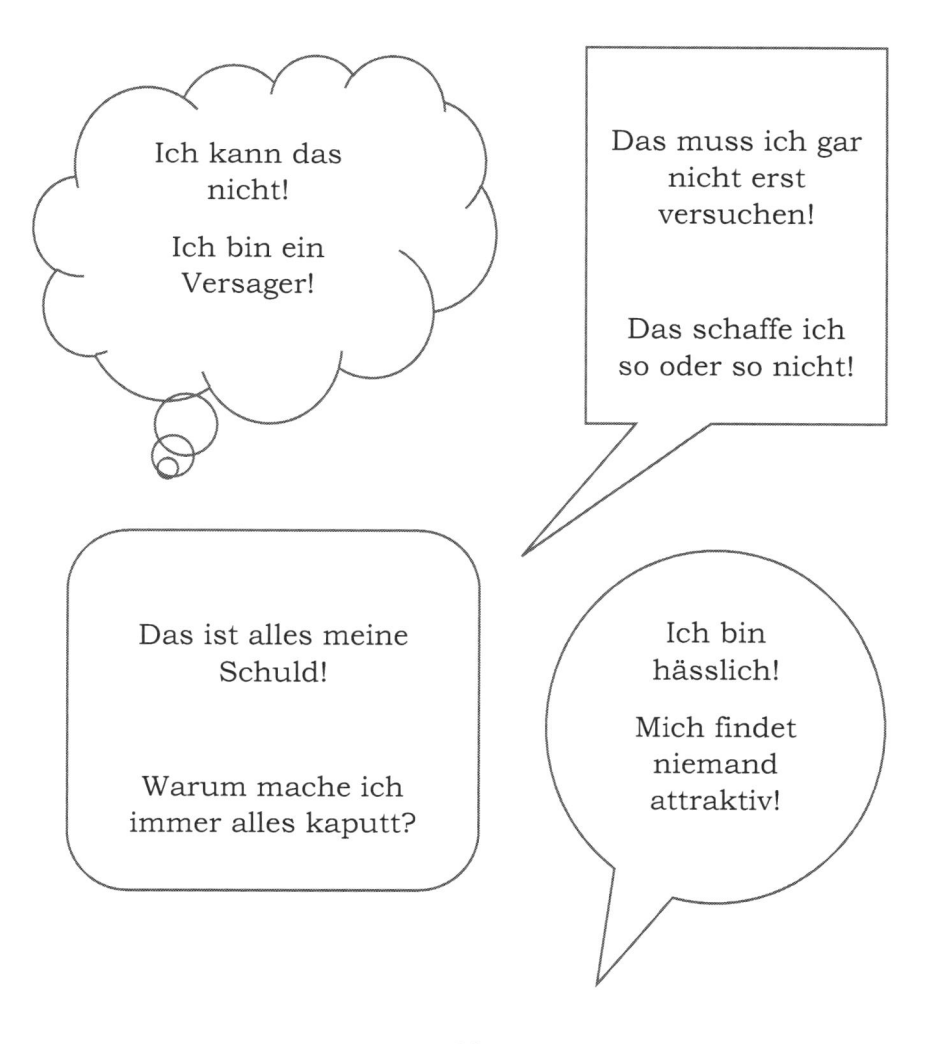

Ich kann das nicht!

Ich bin ein Versager!

Das muss ich gar nicht erst versuchen!

Das schaffe ich so oder so nicht!

Das ist alles meine Schuld!

Warum mache ich immer alles kaputt?

Ich bin hässlich!

Mich findet niemand attraktiv!

Das sind nur einige Beispiele von Gedanken, die Dir Dein innerer Kritiker ständig beschert.

Es ist der innere Kritiker, der Dir all die negativen Gedanken und Ansichten über Dich selbst immer wieder unter die Nase reibt und Dich daran hindert, positiv zu denken.
Der „Feind" in unserem Kopf beeinflusst uns so sehr, dass wir manchmal schon im Voraus darauf warten, dass etwas nicht funktioniert.
Durch diese falsche innere Einstellung wird es dann auch meistens nicht funktionieren.

Der innere Kritiker hält uns also in unserem eigenen negativen Hamsterrad gefangen.

Da sich dieses Phänomen schon in unserer Kindheit entwickelt, nehmen wir es auch meist gar nicht mehr wahr.

In der Kindheit hat der innere Kritiker manchmal auch noch eine teils sinnvolle Aufgabe, weil er ein Kind z. B. davor schützt, sich in zu große Gefahr zu begeben, und er auch dazu beiträgt, dass sich ein Kind gemäß den Vorgaben und Normen der jeweiligen Gesellschaft entwickelt.

Der Nachteil ist aber, dass wir auf unserem Weg ins Erwachsenenleben mit diesen unbewusst verinnerlichten kritischen Gedanken weiterleben, so dass wir sie dadurch gar nicht als negativ und hemmend wahrnehmen.

Ich habe in den vergangenen Jahren mit vielen Menschen gesprochen und bin immer wieder erstaunt, wie viele von ihnen Entschuldigungen parat haben, um den inneren Kritiker zu rechtfertigen.

Mittlerweile ist es nämlich vonseiten der Psychologie erwiesen, dass der innere Kritiker mit dafür verantwortlich ist, dass psychologische Störungen, wie z. B. Depressionen, Burn-out, Angststörungen, Beziehungsunfähigkeit, Beziehungsstörungen etc., entstehen.
Du hast jetzt das Glück, Dich mit Deinem inneren Kritiker zu beschäftigen.

Die folgenden Übungen werden Dich dabei unterstützen, dass er immer leiser wird, bis er schließlich gar keinen Einfluss mehr auf Dein Leben und auf Deine persönliche Entwicklung hat.

Schritt 1
Damit Du Deinen inneren Kritiker besser verstehen kannst, musst Du ihm erst einmal zuhören.
Nur so kannst Du herausfinden, wie groß sein Einfluss auf Dein Leben ist und wie sehr er die unterschiedlichen Lebensbereiche beeinflusst.

Schritt 2
Dein innerer Kritiker kann so richtig beleidigend und herabwürdigend Dir gegenüber sein.
Meistens spricht er mit Dir wie mit einer fremden Person.
Wenn jemand Fremdes auf so eine Art und Weise mit Deinem Partner oder Deiner Freundin sprechen würde, würdest Du mit Sicherheit einschreiten.
Es liegt jetzt an Dir, die Aussagen, die Dich ständig begleiten, etwas abzuschwächen und umzuleiten.

Sobald Dein innerer Kritiker mit Dir spricht, wandelst Du diese Aussagen um.

Hier ein Beispiel:

„Ich bin so unattraktiv, viel zu dick, wer soll sich schon in mich verlieben!"

Obwohl Du diesen Gedanken schon so oft hattest, tut die Aussage immer noch weh.

Jetzt gehst Du aber hin und sagst zu Deinem inneren Kritiker:

„Du bist so unattraktiv, viel zu dick, wer soll sich schon in Dich verlieben?"

Merkst Du, welchen Effekt eine solche Umwandlung hat?

Wenn Du von nun an konsequent die Aussagen wandelst und gewissermaßen zurückgibst, werden sie Dir gar nicht mehr so schwer auf der Seele lasten.

Schritt 3

Jetzt geht es ein wenig tiefer, denn Du musst herausfinden, was die Ursachen für Deinen so präsenten inneren Kritiker sind.

Denke einmal in aller Ruhe darüber nach, welche Erfahrungen Dein Leben bisher geprägt haben.

Denke auch über die Aussagen anderer Menschen Dir gegenüber nach. Welche haben Dir besonders weh getan oder sind Dir richtig unter die Haut gefahren?

Das sind nämlich alles Faktoren, von denen sich der innere Kritiker nährt, die er festhält und auf denen er seine Gemeinheiten Dir gegenüber aufbaut.

Schritt 4

An diesem Punkt brauchst Du jetzt einen Begleiter, einen Freund, der Dir gegenüber die notwendige Empathie und Freundlichkeit empfindet. Dieser „Begleiter" dient Deiner Unterstützung, wird liebenswert und würdevoll mit Dir sprechen und er wird Dir zeigen, wie Du Deine Botschaften an Dich selbst so formulierst, dass sie Dir guttun.

Bsp.:
„Ich habe vielleicht keinen perfekten Körper und ein paar Kilo zu viel, aber ich habe neben einem guten Charakter noch viele andere gute Eigenschaften, die mich auszeichnen und zu einer liebenswerten Frau machen!"

Schritt 5

Von heute an wirst Du immer weniger und bald auch gar nicht mehr auf die negativen Botschaften Deines inneren Kritikers hören oder reagieren.

Schritt für Schritt bist Du auf dem Weg, immer mehr positive Erfahrungen zu machen, und dadurch wird der innere Kritiker immer leiser werden und bald ganz verstummen.
Sobald Du jeden Tag ein wenig selbstbewusster und glücklicher wirst, entziehst Du ihm den Nährboden.

Du kannst Dich, da Du Dich jetzt von diesem Ballast befreit hast, viel besser entwickeln. Deine Selbstliebe wird wachsen, Deine Beziehung zu Dir selbst wird eine ganz neue Form annehmen und Du wirst immer mehr glückliche Momente bewusst erleben.

Es wird sich anfühlen, als ob Du einen Rucksack vollgepackt mit Steinen nun endlich ablegen kannst. Es wird ein wunderbares Gefühl sein.

Selbstliebe – Dein Schlüssel für ein glückliches Leben

Bis hierher hast Du jetzt so viel Neues gelesen, aber auch erfahren, wie groß der Einfluss Deines bisherigen Lebens auf Deinen jetzigen Ist-Zustand ist.

Ich möchte jetzt noch einmal zusammenfassen, was zur Selbstliebe gehört, welche negativen Hindernisse Du auf dem Weg, Dich selbst uneingeschränkt lieben zu können, überwinden musst und warum es so erstrebenswert und auch nötig ist, dass Du bald sagen kannst: Ich liebe mich selbst, so wie ich bin!

Niemand anders ist für die falschen Empfindungen verantwortlich als Du selbst.
Aber es spielt eine große Rolle, wie Dein bisheriges Leben – von Deiner Kindheit an – verlaufen ist.

In der Kindheit eines jeden Menschen liegen die Wurzeln und Ursachen, die das weitere Leben beeinflussen und prägen.
Die Familie und das familiäre Umfeld sind in unseren ersten Lebensjahren überaus prägend.
Wenn wir als Erwachsene die Chance bekommen, unser Leben zu überdenken – z. B. so, wie Du es jetzt machst, weil Du auf der Suche nach Deiner Selbstliebe bist –, dann müssen wir uns zwangsweise mit unserer Kindheit beschäftigen.

Sie legte den Grundstein für die Person, die wir heute sind.

Ich möchte damit auf keinen Fall sagen, dass alle Eltern Fehler machen etc.

So ist einfach das Leben, und je nachdem, wie alt Du jetzt bist, musst du bedenken, dass die Generation unserer Eltern oder Großeltern doch auch gar keinen Zugang zu all den Themen hatte, die heutzutage zum Leben dazugehören.

Sie hatten nie die Chance, so viel über Selbstliebe und so viele andere Themen zu erfahren, weil es in ihrer Jugend- und frühen Erwachsenenzeit doch noch gar kein Thema war.
Hier ein kleiner Gedanke am Rande: Wenn Du diesen Weg zur Selbstliebe gehst, dann kannst Du dieses Buch und Deine Erfahrungen doch auch gerne mit Deiner Mutter teilen. Denn auch Deine Mutter – ganz egal, welcher Jahrgang in ihrem Pass steht – hat doch ein Recht darauf, Selbstliebe zu lernen und diese wunderbaren Gefühle zu erleben, die einem jeder kleine Schritt hin zur eigenen Selbstliebe beschert.

Die meisten unserer Narben und auch unseren inneren Schmerz nehmen wir aus unserer Kindheit mit in das Leben als Erwachsene, ohne uns ihrer bewusst zu sein. Sie entstehen unbewusst durch Erlebnisse und Erfahrungen, die wir in unseren Kinderjahren machen. Zu wenig Aufmerksamkeit und Zuneigung, aber auch mangelndes Verständnis, nachdem wir uns als Kinder oft gesehnt haben, sind hierbei ein ausschlaggebender Punkt.
Denn ein Kind, das nur wenig Aufmerksamkeit, Zuneigung und Verständnis erfährt, entwickelt von ganz allein so negative Gedanken wie „Warum hat man nicht lieb?", „Was habe ich falsch gemacht, dass man böse mit mir ist?", „Warum nimmt mich meine Mama nicht mal in den Arm, so wie die Mama meiner Freundin es immer macht?".

Wir werden weder als Kinder noch in späteren Jahren eine Antwort auf all diese Fragen finden. Diese Gedanken werden uns aber immer begleiten, denn sie haben sich festgesetzt.

Somit ist es leider so, dass die meisten von uns bis zu diesem Zeitpunkt eigentlich gar keine Chance hatten, anders zu sein, als sie jetzt sind.

Du bist jetzt aber auf dem besten Weg, etwas dagegen zu tun, und das ist wunderbar.

Denke bitte immer daran, dass Deine Gedanken Dein stärkstes Instrument sind, um etwas zu verändern.

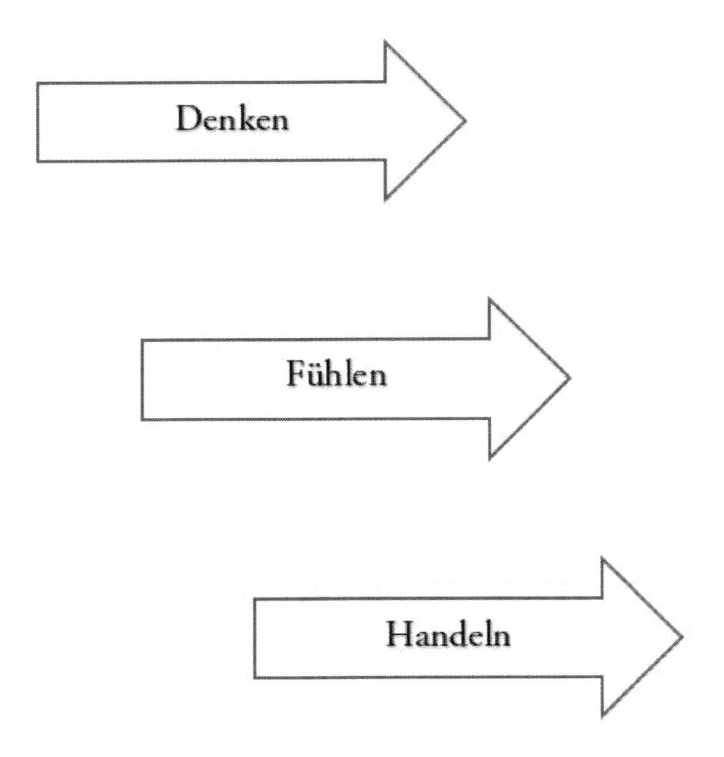

⟶ Denken

⟶ Fühlen

⟶ Handeln

Deine Gedanken sind für Deine Gefühle verantwortlich und letztendlich bestimmen Deine Gedanken und Gefühle Dein Handeln.

Damit Du Dich selbst richtig und aus vollem Herzen akzeptieren und lieben kannst, musst Du lernen, Deine Gedanken positiv und frei von vorhandenen Erfahrungen einzusetzen.

All die falschen und negativen Empfindungen und Interpretationen aus Deiner Kindheit – die noch heute Dein Leben bestimmen – sind verantwortlich für Deinen „Jetzt-Zustand".

Mittlerweile ist es auch erwiesen, dass die Ursache für viele körperliche und psychische Erkrankungen in der Kindheit und deren seelischen Wunden und schlechten Erfahrungen liegt.

Aus eigener Erfahrung kann ich Dir hier jetzt einen Tipp geben:
Wenn Du Deine Selbstliebe entwickelt hast und einige Zeit (Monate oder auch Jahre) später über Deine Kindheit nachdenkst, dann wirst Du durch Deine innere Stärke, Selbstsicherheit und Liebe ganz andere Dinge wahrnehmen. Es ist, als ob Deine Kindheit wie ein gut bebildertes Buch vor Dir liegt, und Du weißt auch ganz genau, wie Du Dich in den jeweiligen Situationen gefühlt hast, und kannst manchmal auch noch Deine kindliche Verletzung und Traurigkeit spüren.
Die Erinnerungen werden Dir auch immer bleiben, aber Du wirst feststellen, dass Deine nun positiv ausgerichteten Gedanken Dir auch vermitteln, dass diese Erlebnisse Dich dahin gebracht haben, wo Du heute bist: Du liebst Dich selbst!
Sie gehören zu Dir und zu Deinem Leben, aber sie haben keinen negativen Einfluss mehr darauf.

Vielleicht gelingt es Dir – mit der nötigen Distanz – auch, die ein oder andere negative Person Deiner Kindheit besser zu verstehen.

Du musst einer solchen Person nicht unbedingt verzeihen, aber es reicht oft, diese Person einzuordnen (z. B. ein narzisstischer Elternteil, ein nur schlecht gelaunter Lehrer etc.) und Dir selbst zu sagen „Person X hat es ja nicht besser gewusst. Sie hat mich zwar leiden lassen und dazu beigetragen, dass es mir jahrelang nicht gut ging, aber ich habe es trotzdem geschafft, mich selbst zu finden und zu lieben!"

Ich möchte Dir hier jetzt als kleines Beispiel noch ein paar dieser unterbewusst aufgenomenen und absolut falschen und schädlichen Glaubenssätze auflisten.

Wenn Du ehrlich zu Dir selbst bist, wirst Du feststellen, dass sie auch Dein Leben falsch beeinflusst haben.

„Ich muss immer perfekt sein und alles perfekt erledigen. Nur so kann ich mir Anerkennung erarbeiten. Nur so werde ich gelobt. Nur so werden die Mitmenschen mich als liebenswert empfinden."

„Person X ist daran schuld, dass es mir schlecht geht, dass ich versagt habe, dass ich mich so schlimm ärgern muss etc."

„Ich werde das nicht schaffen."

„Ich bin so gar nichts wert."

„Solange mich andere Menschen das tun lassen, was ich will, können sie mich nicht kontrollieren oder gar manipulieren."

„Jedes Mal, wenn ich mir gestatte, meine Gefühle zuzulassen und zu zeigen, werde ich wieder und wieder enttäuscht und verletzt."

„Nur wenn ich hart bin, werde ich auch als stark wahrgenommen."

„Es ist meine Verantwortung, dass sich die anderen Menschen in meiner Familie und meinem Freundeskreis gut fühlen. Ich darf mich nicht an erste Stelle setzen."

„Ich schaffe alles alleine, ich brauche niemanden, der mir hilft oder mich unterstützt."

„Meine Eltern / mein Partner / meine Freundin wissen, was gut für mich ist."

Kannst Du das Muster bei diesen negativen Gedanken erkennen?
Sie machen Dich klein und halten Dich klein. Unter solchen Bedingungen hast Du niemals eine Chance gehabt, dass sich Dein wahres Ich entwickeln konnte und Du Dich selbst auch nur annähernd lieben konntest.

Und so sind kindliche Glaubenssätze und Verhaltensweisen einfach mit in Dein Erwachsenenleben gewachsen und haben sich dort festgesetzt und bestimmen auch weiterhin Dein Leben.

Damit ist jetzt Schluss.

Da jede von uns bis zu diesem Punkt eine andere Kindheit und ein anderes Leben hatte, wird auch jede Leserin ihren ganz eigenen und persönlichen Weg zu ihrer Selbstliebe gehen.

Ich nehme immer gerne ein Bild zu Hilfe: Lege Deine Maske oder Deine Masken ab, die Dich bisher durch Dein Leben begleitet haben. Erst wenn Du Deine Maske ablegst, kann sich Dein wahres Ich zeigen.

Die Maske ist ein Symbol für Deine inneren Narben und Wunden.

In einem gewissen Sinne hast Du nun die Chance, Dich mit Deinen kindlichen Erfahrungen auszusöhnen, sie aufzuarbeiten und Dich so auf Dich selbst und Deine sich endlich entwickelnde Selbstliebe zu konzentrieren.

Bei dieser Verarbeitung und Aussöhnung ist es wichtig, dass Du Deine alten, negativen und Dich bremsenden Glaubenssätze in neue, positive und motivierende Glaubenssätze umformulierst.

Alt und negativ: „Ich bekomme nur Anerkennung und Liebe, Bestätigung und Lob, wenn ich immer alles perfekt und supergut mache."

Neu und positiv:
„Was ich mache, ist unabhängig von der Liebe, die ich erhalte, denn ich werde für das geliebt, was mich ausmacht, was ich bin!"

Auf Deinem Weg zur Selbstliebe, wirst Du mit Sicherheit auch den ein oder anderen Kampf mit Dir selbst austragen müssen. Das passiert meistens dann, wenn so ein alter, negativer Glaubenssatz so richtig tief verwurzelt ist. Er kämpft natürlich dagegen an, dass er an Bedeutung verliert.

Wenn Du zum ersten Mal solche Gedanken hast, dann ist es ganz wichtig, dass Du Dich auf das Positive und Neue konzentrierst und Deinem negativen Glaubenssatz ganz klar und mit starker Stimme zu verstehen gibst, dass er bei Dir keine Chance mehr hat. Du bist jetzt für Dich selbst am wichtigsten. Du bist auf dem Weg, Dich selbst zu lieben und so anzunehmen, wie Du wirklich bist.
Nur so wird es Dir möglich sein, Dich Stück für Stück weiterzuentwickeln und Deinem Ziel immer näher zu kommen.

Ich habe auf meinem Weg irgendwann gemerkt, dass bestimmte Dinge, die einem im Leben so passieren, einfach geschehen sollen.

Meistens weiß man in dem Moment nicht, welchen Sinn das Ganze hat, es wird sich aber über kurz oder lang offenbaren.

Denn mit jedem – auch noch so kleinen – Schritt hin zu Dir verändert sich auch Deine Wahrnehmung und Auslegung der Dinge, die in Deinem Leben passieren.
Wenn z. B. eine Deiner „Freundinnen" auf einmal ein Problem damit hat, dass Du ihr gegenüber einmal etwas ablehnst und Nein sagst und sie sich dann beleidigt nicht mehr bei Dir meldet, dann nehme es so hin. Du bist auf dem Weg der Veränderung, sie nicht.
Das Ganze zeigt Dir dann aber auch, dass diese Person nicht wirklich eine Freundin ist, sondern in die Gruppe der Bekannten gehört.
Dass sie in Deinem Leben jetzt eine viel kleinere oder gar keine Rolle mehr spielt, hat auch etwas Gutes, denn Du hast jetzt freie Zeit und freie Energie, die Du in Dich investieren kannst.

Eine richtige Freundin wird nämlich Dein Nein hinterfragen. Sie wird wissen wollen, ob es Dir gut geht, ob sie Dir irgendwie helfen kann.
Erzähle Ihr dann von Deinem neuen Weg und sie wird Dich mit Sicherheit dabei unterstützen.

Also, alles, was Dir so passieren wird, geschieht zu Deinem Besten, auch wenn Du es erst einmal gar nicht so positiv sehen wirst.

Nimm Situationen und Geschehnisse, die Dir negativ erscheinen, einfach erst einmal so an, wie sie sind.
Auch sie haben ihren Sinn.
Mit jedem Schritt, den Du weiter nach vorne gehst, mit jeder neuen Übung, die Du meisterst, wirst Du lernen und Dich weiterentwickeln.

Bsp.:
Viele alleinerziehende Mütter oder Frauen generell „hängen" in einem Beruf fest, den sie zwar irgendwann einmal gelernt haben, aus dem sie aber irgendwie herausgewachsen sind.
Der tägliche Gang zur Arbeit wird immer mehr zur Qual, der Arbeitseinsatz lässt nach etc., aber sie machen ihren Job immer weiter – lustlos.
Eines Tages bekommen sie dann ohne einen ersichtlichen Grund die Kündigung. Bei den meisten zieht das ein absolutes Gefühlschaos nach sich, das oft in Verzweiflung und Panik ausartet.
„Was soll ich denn jetzt bloß machen?"
„Ich brauche doch das Einkommen, wie konnte das nur passieren?"

Bleibe auch in einer solchen Situation ruhig und bei Dir – auch wenn es Dir schwerfällt.

Denke daran, dass Du Dich in diesem Job schon lange nicht mehr wohlgefühlt und vielleicht auch ausgenützt gefühlt hast und gar nicht mehr gerne zur Arbeit gegangen bist.

Im nächsten Schritt nimmst Du Dir nun in aller Ruhe Zeit und überlegst Dir, was Dich auf beruflicher Ebene glücklich machen wird.

Vielleicht macht Dir der Job bei einer anderen, kleineren Firma doch wieder Spaß (nicht alle Firmen sind für alle Menschen gut).

Vielleicht musst Du auch nicht mehr 100 % arbeiten, sondern kannst Dein Arbeitspensum und somit auch Deinen täglichen Stress bei einem neuen Arbeitgeber reduzieren.

Vielleicht denkst Du aber auch einmal darüber nach, was Dir als Job so richtig Spaß machen und Dich erfüllen würde.

Heutzutage gibt es so viele Weiterbildungsmöglichkeiten (viele auch mit Unterstützung), dass es absolut im Rahmen des Möglichen liegt, in absehbarer Zeit einen ganz anderen Beruf auszuüben und glücklich dabei zu sein.

Tipp:
Über Deinen Beruf solltest Du auch einmal nachdenken, wenn sich Deine Selbstliebe gefestigt hat und Du richtig neugierig und gespannt auf Deine neuen Möglichkeiten bist.
Es wird sich lohnen, denn Du bist in Deinen Gedanken freier und positiver und wirst auch vor einem Jobwechsel nicht mehr zurückschrecken, wenn es sich für Dich richtig anfühlt.

Die meisten Psychologen und Psychotherapeuten weisen immer wieder darauf hin, wie wichtig auf dem Weg zur Selbstliebe das Verzeihen ist.

Hierbei geht es einerseits darum, sich selbst zu verzeihen, andererseits aber auch darum, anderen Menschen, die einen negativen Einfluss auf Dein Leben hatten oder haben, zu verzeihen.

Fangen wir erst einmal mit Dir an: Es wird Dir in manchen Dingen leichter fallen, Dir selbst zu verzeihen als anderen.
Das ist aber auch ein Entwicklungs- und Lernprozess.
Selbstvorwürfe und Schuldgefühle sind so destruktiv, dass Du sie auf Deinem neuen Lebensweg nicht mehr brauchst.
Du kannst sie aber auch nicht alle zur gleichen Zeit einfach so aus Deinem Leben streichen, als ob es sie nie gegeben hätte.
Es ist ein Prozess und wird Dich einige Zeit begleiten. Mit der Zeit wird es Dir – durch Deine neu ausgerichtete, positive Denkweise – aber immer leichter fallen, Dir selbst zu verzeihen.

Etwas anders verhält es sich mit der „Aufgabe", anderen Menschen zu verzeihen.

Es gibt dann solche Sprüche wie „Verzeihen heißt nicht vergessen" etc.

Ob man anderen Menschen verzeihen kann oder nicht, hängt davon ab, wie sehr diese Person Dein Leben negativ geprägt hat.

Wenn man z. B. als Erwachsener realisiert, dass ein Elternteil die Ursache für so viele falsche und negative Prägungen ist, dann fällt es äußerst schwer, zu verzeihen.

Ich kann zwar sagen „… Du hast es nicht besser gewusst …", aber dadurch behältst Du immer noch Deine inneren Narben und die entsprechenden Bilder in Deinem Kopf.

Keine Angst, Du stehst mit diesem Problem nicht alleine da. Für mich habe ich herausgefunden, dass ich einer bestimmten Person in meinem Leben nie werde verzeihen können.

Das ist aber auch ein wichtiger Punkt der bereits erklärten Akzeptanz und somit kann ich doch weitermachen mit meiner positiven Entwicklung.

Wenn Du also einer Person niemals verzeihen kannst, dann akzeptiere diesen Umstand.
Es ist eine Art Schlusspunkt (für das Belastende) der Vergangenheit und ein Startpunkt für die Zukunft.

Du übernimmst Verantwortung für Dich selbst, denn Du entscheidest, welchen Weg Du gehst und wie Du Dich ab jetzt entwickelst.

Du hast immer eine Wahl und musst Dir auch nicht immer alles gefallen lassen.

Du allein bist nun in der Lage, Deine persönlichen Grenzen zu setzen – ruhig, höflich, aber dennoch bestimmt.
Pflege Deine eigenen Grenzen, verändere sie, wenn es Dir nötig erscheint, aber lasse sie Dir nie wieder wegnehmen.

Gerade, wenn Du beginnst Deine Grenzen zu setzen, kann es von einigen Menschen in Deinem Leben zu kritischen Äußerungen, aber teilweise auch zu harscher und verletzender Kritik kommen.

Wende dann an, was Du vorher in diesem Buch schon zur Kritikbewältigung gelernt hast.
Reflektiere die Dir entgegengebrachte Kritik und arbeite sie für Dich auf. So bist Du immer besser in der Lage, von egal welcher Form von Kritik nicht mehr verletzt zu sein, sondern sie ganz neutral betrachten zu können und vielleicht noch die ein oder andere Lehre daraus zu ziehen.

Wenn Du auf der anderen Seite einmal das Bedürfnis verspürst, eine andere Person zu kritisieren, dann nimm Dich einfach zurück. Am besten ist es nämlich, wenn Du Kritik oder besser gesagt einen Ratschlag nur dann erteilst, wenn Du darum gebeten wirst. Nur dann ist die Grundlage für eine offene Kommunikation gegeben, bei der sich auch Dein Gesprächspartner nicht verletzt fühlen wird.

Du übernimmst mit all Deinem Verhalten Eigenverantwortung für Dich selbst und das verändert auch Dein Verhalten gegenüber Deinen Mitmenschen.

Dadurch, dass Du Dich selbst liebst und achtest, brauchst Du andere Menschen nicht mehr zu verurteilen, sondern kannst ihnen offen und ehrlich begegnen.

Mein Großvater hat mir eine ganz entscheidende Lebensweisheit mit auf meinen Lebensweg gegeben.

„Wenn Du einmal eine schwierige Entscheidung treffen musst, dann höre darauf, was Dein Herz Dir sagt. Es wird die richtige Entscheidung sein."

Dies hat er zu mir gesagt, als ich 18 Jahre jung war, und ich habe viele Jahre gebraucht, bis mir dieser Satz wieder eingefallen ist.

Warum?
Nun, das Leben ist passiert.
Es passierten so viele Dinge gleichzeitig oder kurz hintereinander und trugen mich einfach mit.
Bis dann eines Tages der Punkt kam, an dem ich – bildlich gesprochen – mit beiden Füßen auf der Bremse stand und gefühlt habe, dass es für mich so nicht weitergehen kann.

Ich war innerlich ausgebrannt, habe mich durch ein Leben gequält, das andere für mich bestimmt haben und in dem ich zwar anwesend, aber doch irgendwie unsichtbar war.

Das war der Moment, an dem ich dann begonnen habe, mich selbst kennen und lieben zu lernen.

Seit diesem Zeitpunkt habe ich auch meiner inneren Stimme, meinem Herzen wieder erlaubt, mir bei Entscheidungen behilflich zu sein.
Es mag sich zwar leicht anhören, aber es dauert einige Zeit – währenddessen man sich bei jeder Entscheidung ganz bewusst auf sein Gefühl und Herz konzentrieren muss. Denn der Kopf und all die negativen Gedankenmuster sind richtig störrische und sture Wesen. Sie sind nicht bereit, einfach so aufzugeben und in den Hintergrund zu verschwinden.

Wenn Du aber Deine Gedanken immer wieder ganz bewusst in Richtung positiv steuerst, wird es für Dich mit jeder Entscheidung normaler, Dich auf Deine Intuition zu verlassen.

Wunderschön wird es aber dann, wenn Du eines Tages merkst, dass Deine negative innere Stimme verstummt ist.

Nun möchte ich Dir noch ein paar Gedanken zum Thema Respekt, Wertschätzung und Dankbarkeit näherbringen.

Auf Deinem Weg zur Selbstliebe sollst Du auf keinen Fall die Wertschätzung gegenüber Deiner eigenen Person vergessen.
Schätze Deine positiven und guten Eigenschaften, sei dankbar für die Dinge, die Dein Leben bereichern, und behandle andere Menschen so, wie Du selbst gerne behandelt werden möchtest.

Bonus: Spielerische Ideen für Deine Selbstliebe. Übungen

Vielleicht hast Du Dir schon beim Lesen der einzelnen Übungen Gedanken darüber gemacht, wie Du sie am besten umsetzen kannst.

Sicherlich schwirrt Dir im Moment auch etwas der Kopf von all den Tipps und Übungen und Du möchtest am liebsten sofort durchstarten. Dem steht auch absolut nichts im Wege, und ich freue mich für Dich, weil in den nächsten Wochen und Monaten so viel Schönes, Neues und Positives in Deinem Leben geschehen wird.
Wenn Du zu den Menschen gehörst, die sich Aufgabenlisten im PC schreiben, dann ist das Dein Stil und Du solltest auch so arbeiten.

Wenn Du aber ein eher kreativer Typ bist oder Du zu den zaghaften und ängstlichen Menschen zählst, dann kann es hilfreich sein, wenn Du Dir z. B. Fact Sheets, Aufgabenlisten, Plakate etc. nach Deinem eigenen Geschmack und Können gestaltest.
Es ist auch nicht nötig, dass Du eine Künstlerin bist – es wird niemanden geben, der diese persönlichen Entwürfe und Kreationen kritisieren wird.

Hier ein paar Ideen für Dich:

Meine Selbstliebe-Speisekarte

Auf diese Speisekarte schreibst Du all die Dinge, die Dir guttun, die Dich „nähren".

Dass können sein:

> - Deine Lieblingsmusik
> - Wellness
> - Entspannung
> - Sport
> - Urlaub
> - Gutes Essen
> - Die Natur
> - Eine harmonische und erfüllenden Partnerschaft
> - Die Liebe Deiner Kinder

Zu den einzelnen Punkten malst Du dann ein Symbol oder ein kleines Bild.
Grüble nicht lange über das Motiv, folge einfach Deiner Intuition.

4 Selbstliebe-Übungen für Körper, Geist und Seele

Hierzu kannst Du Dir ein schönes Plakat entwerfen. Format, Farbe und Gestaltung wirst Du so auswählen, wie es sich für Dich richtig anfühlt.

Körper, Geist und Seele bekommen nun für die kommenden vier Tage jeweils eine Übung.
Hast Du die Übung erledigt, kannst Du sie abhaken oder durchstreichen.

In welcher Reihenfolge Du die vier Übungen jeweils durchführst, entscheidest Du allein.

Körper

Spazieren gehen.

Ein Tier **streicheln.**

Ein warmes Bad nehmen.

Dehnübungen machen.

Geist

Ausreichend schlafen.

Meditiere fünf Minuten.

Mache eine Social Media-Pause.

Seele

Zünde eine Duftkerze an.

Setz Dich in den Garten oder auf den Balkon und verfolge die Wolken.

Höre Deine Lieblingsmusik.

Schreibe Briefe an Dich selbst

Hierfür kannst Du Dir ein schönes Briefpapier zulegen.

Schreibe aber bitte nicht einfach wild drauflos, sondern überlege Dir für jeden Brief ein spezielles Thema.

Hier ein paar Ideen:

Dankbarkeit: Schreibe in diesem Brief über alles, wofür Du dankbar bist und warum Du dafür dankbar bist.

Ich liebe mich: In diesem Brief schreibst Du über Deine positiven Eigenschaften, Talente und Charakterzüge.

Was ich an meinem Körper mag: Dieser Brief wird vielleicht eine Herausforderung sein. Deinen Körper zu akzeptieren, ist aber auch ein Teilbereich der Selbstliebe, und jeder Körper – ganz gleich, ob dünn oder dick – hat positive Aspekte. Traue Dich an diese Aufgabe heran und habe keine Angst davor.

Was ich von mir erwarte: Das ist ein Brief, den Du öfters schreiben kannst. Sobald Du die Erwartungen Deines ersten Briefes zu diesem Thema geschrieben hast, schreibst Du einen neuen „Erwartungsbrief" an Dich selbst.

Bucket List

Ich liebe meine Bucket List, weil sie so viele verschiedene Dinge enthalten kann, die ich in meinem Leben noch machen möchte.

Wenn Du Deine Bucket List schreibst, dann spielt es keine Rolle, ob Du kleine oder große Dinge notierst, ob es ein „Abenteuer" ist, das Du morgen oder erst irgendwann in der Zukunft in Angriff nehmen wirst.

Schreibe alles auf, was Dir einfällt, und ergänze, wann immer Dir etwas Neues durch den Kopf geht.

Sobald Du etwas von Deiner Liste „erledigt" hast, hake es ab oder streiche es durch.
Wichtig ist aber, dass Du die Liste stetig erweiterst und die bereits erreichten Ziele darauf stehen lässt. So kannst Du immer mit einem Blick erkennen, was Du schon alles geschafft hast.

Auch Träume und Wünsche, die noch ganz weit weg scheinen, gehören auf diese Liste. Denn wer weiß, vielleicht schaffst Du es in der Zukunft doch, einen Lebenstraum zu verwirklichen.

Motivationssprüche

Motivationssprüche sind eine hervorragende Unterstützung auf Deinem Weg zur Selbstliebe.

Du kannst Dir selbst ein Bild malen und den Motivationsspruch mit Deiner schönsten Handschrift dazuschreiben.

Erstellst Du Dir ein solches Bild lieber mit dem Computer, so ist das auch absolut in Ordnung.

Die Bilder mit Deinen Motivationssprüchen kannst Du dann in Deiner Wohnung so platzieren, dass Du immer wieder darauf schaust und Dich so immer wieder aufs Neue motivierst.

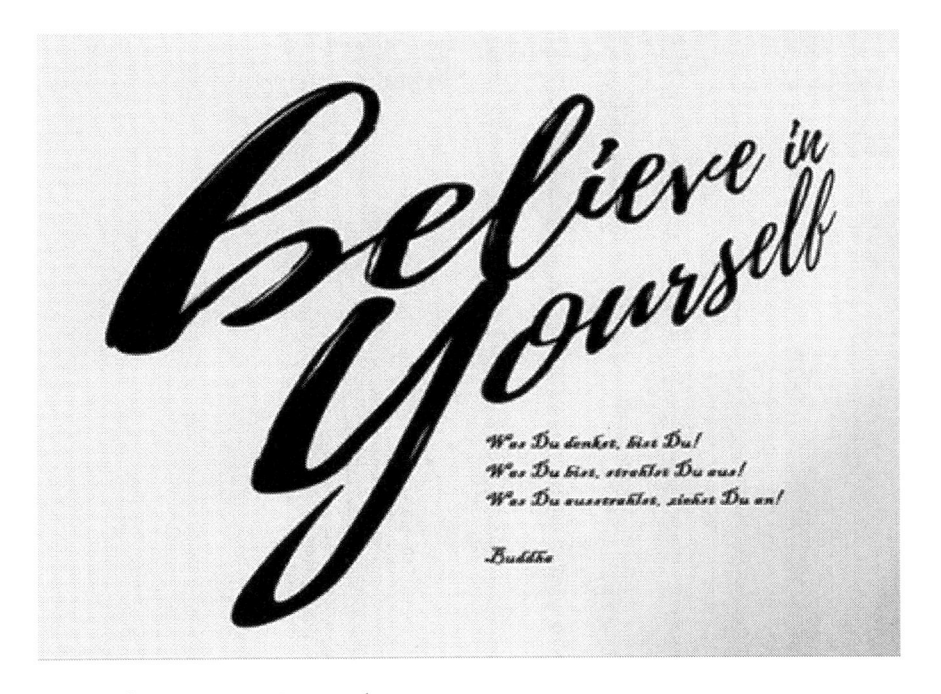

Believe in Yourself

Was Du denkst, bist Du!
Was Du bist, strahlst Du aus!
Was Du ausstrahlst, ziehst Du an!

Buddha

Das sind nur einige Beispiele.
Traue Dir zu, kreativ zu sein, denn jede von uns hat einen kreativen Kern. Auch wenn Dir Dein Kunstlehrer in der Schule immer die schlechtere Note gegeben hat, heißt das nicht, dass Du hier und jetzt nicht kreativ sein kannst.

Du gestaltest etwas für Dich und zu Deiner Unterstützung.
Alles ist erlaubt, und alles ist schön, weil Du es gestaltet hast.

Schluss

Selbstliebe zu erlernen ist keine Hexerei, aber es ist eine Herausforderung, die Mut und Durchhaltevermögen benötigt.

Lass Dir von niemandem einreden, dass Selbstliebe mit Egoismus oder gar Narzissmus gleichzusetzen ist.

Sich selbst zu lieben, ist nämlich Dein Weg hin zu Dir selbst und zu Deinem Glück.

Jeder Mensch sehnt sich nach Harmonie und Glück in seinem Leben. Um dieses Ziel zu erreichen, braucht es aber auch gewisse Voraussetzungen.

Sich selbst zu lieben, ist der erste Schritt und die wichtigste Voraussetzung.

Nehme Dich an und akzeptiere Dich.
Lerne Dich selbst kennen, so wie Du wirklich bist, und nicht, wie die Menschen in Deinem Leben Dich haben wollen.

Selbstliebe entwickelt sich und wächst und wird zu etwas Wunderbarem.

Mache Dich auf den Weg zu Dir selbst und finde Dein Glück.

Bevor Du startest, hier noch einmal die wichtigsten Punkte, die Dich auf diesem Weg begleiten werden:

- Verzichte von nun an darauf, Dich mit anderen zu vergleichen!
- Mache Fehler und stehe dazu! Nobody is perfect!
- Denke positiv!
- Mache anderen Menschen Komplimente!
- Nimm Dich selbst nicht zu ernst!
- Setze Dir Ziele!
- Stelle Deine eigenen körperlichen Bedürfnisse an erste Stelle!
- Belohne Dich!
- Respektiere Deine Mitmenschen!
- Löse Dich davon, immer wieder Entschuldigungen für Dich selbst zu finden!
- Lerne, bewusst Nein zu sagen!
- Sage Ja, wenn Du es auch so meinst!
- Sei dankbar!
- Lasse los!
- Rede mit Bedacht! Denke nach und wähle Deine Worte weise.
- Sei ehrlich zu Dir selbst und zu anderen!
- Gestehe Dir auch Schwächen zu!
- Entdecke Deine Stärken und Talente!
- Verbringe Zeit mit Deinen „Herzensmenschen"!
- Gib Ratschläge (Kritik) nur dann, wenn Dein Feedback erwünscht ist!
- Sei achtsam!

Freue Dich auf Dein neues und ehrliches Ich. Es ist der Start in ein neues Leben, in dem Glück und Zufriedenheit keine Fremdwörter mehr sein werden.

Du bist gut, und Du wirst es schaffen.

Haftungsausschluss

Die Umsetzung aller enthaltenen Informationen, Anleitungen und Strategien dieses Buchs erfolgt auf eigenes Risiko. Für etwaige Schäden jeglicher Art kann der Autor aus keinem Rechtsgrund eine Haftung übernehmen. Für Schäden materieller oder ideeller Art, die durch die Nutzung oder Nichtnutzung der Informationen bzw. durch die Nutzung fehlerhafter und/oder unvollständiger Informationen verursacht wurden, sind
Haftungsansprüche gegen den Autor grundsätzlich ausgeschlossen. Ausgeschlossen sind daher auch jegliche Rechts- und Schadensersatzansprüche. Dieses Werk wurde mit größter Sorgfalt nach bestem Wissen und Gewissen erarbeitet und niedergeschrieben. Für die Aktualität, Vollständigkeit und Qualität der Informationen übernimmt der Autor jedoch keinerlei Gewähr. Auch können Druckfehler und Falschinformationen nicht vollständig ausgeschlossen werden. Für fehlerhafte Angaben vom Autor kann keine juristische Verantwortung sowie Haftung in irgendeiner Form übernommen werden.

Urheberrecht

Alle Inhalte dieses Werkes sowie Informationen, Strategien und Tipps sind urheberrechtlich geschützt. Alle Rechte sind vorbehalten. Jeglicher Nach-druck oder jegliche Reproduktion – auch nur auszugsweise – in irgendeiner Form wie Fotokopie oder ähnlichen Verfahren, Einspeicherung, Verarbeitung, Vervielfältigung und Verbreitung mit Hilfe von elektronischen Systemen jeglicher Art (gesamt oder nur auszugsweise) ist ohne ausdrückliche schriftliche Genehmigung des Autors strengstens untersagt. Alle Übersetzungsrechte vorbehalten. Die Inhalte dürfen keinesfalls veröffentlicht werden. Bei Missachtung behält sich der Autor rechtliche Schritte vor.

Bibliografische Information der Deutschen Nationalbibliothek

Die Deutsche Nationalbibliothek verzeichnet diese Publikation in der Deutschen Nationalbibliografie; detaillierte bibliografische Daten sind im Internet über <http://dnb.d-nb.de> abrufbar

Printed in Poland
by Amazon Fulfillment
Poland Sp. z o.o., Wrocław